आधुनिक वेद

———— सत्यमेव जयते ·

अभिषेक

INDIA · SINGAPORE · MALAYSIA

ISBN 979-8-89699-913-3

हर कोई आदमी अपने जीवन कि आधार भगवान, व्यक्ति, प्रेम, दोस्ती और समाज में जुडे हुए सत्य को जानकर सत्य के रास्ते पर चलने कि अभिलाषा व्यक्त करते हुए...

रचना कि अवधि

24/05/2011 - 24/5/2015

अंतर्वस्तु

आदमी

प्रेम, दोस्ती

समाज

यह ग्रन्थ

सत्य पर चलने वाले मार्ग है

जीवन देने वाले सत्य है

जीवन जिसमें मार्ग समाहित है

सत्य भगवान को पसंद है

भगवान तक पहुंचाने का मार्ग सत्य पर आधारित है

जहां सत्य नहीं है वहां ईश्वर के मार्ग मज़हब बन जाते हैं

कहानियां वेद बन जाते है

अधर्म धर्म बन जाते है

बुद्धि ज्ञान बन जाती है

जरूरते प्रेम बन जाती है

अनैतिकता क्षमता बन जाती है

कपट मार्ग बन जाता है

अँधेरी शक्तियाँ अधिकार शक्तियाँ बन जाती हैं

अन्त में वह जगह भगवान के लिए नपसंद बन जाती है

भगवान

सत्य, असत्य, सच, झूठ, ज्ञान, अज्ञान, विज्ञान, धर्म, सिद्धांत

1. जो समय के अनुसार, जगह के अनुसार, हालत के अनुसार विचार नहीं बदलता - वह सत्य है।

2. सत्य किसी एक आदमि को सजीव करना ही काफी है।

   एक आदमि सत्य को सजीव करना ही काफी है।

3. असत्य के साथ जीना अंधकार जीवन होता है।

   सत्य के साथ जीना प्रकाशमैय होता है।

4. जो लोग सोचते हैं कि जो वे जानते हैं वह सत्य है, वे बेकार हैं।

   धन्य हैं वे जो सत्य जानते हैं।

5. सत्य कुछ लोगों तक सीमित नहीं है।

   सत्य वह नहीं है, जो केवल कुछ ही लोगों पर लागू हो।

6. जो लोग सत्य को स्वीकार करते है उन्के जीवन आनंदमै होता है।

   सत्य कि आचरण करने वालों के जीवन महान होती है।

7. सत्य किसी कि पैदायिशी से नही आता, जानना भी नही होता।

   आदमी किसी न किसी अवस्था में सत्य को जानना करना चाहिए।

8. सत्य का अवज्ञा करना, सत्य को अस्वीकार करना, और सत्य के खिलाफ कार्रवाई करना पापी लक्षण हैं।

9. सत्य के मार्ग पर चलने का अर्थ है जो सत्य है उसे जानना, उसके प्रति समर्पण करना और उसका पालन करना है।

10. सत्य ऐक व्यक्ति को स्वतंत्र, पवित्र और ईमानदारी कर सकता है।

11. सत्य को पहचान करने वालों जागृत वालों का समान है।

जो सत्य को पहचन नहीं करने है वे निद्राग्रस्त वालों का समान हैं।

12. अगर किसी भी ग्रन्थ में सत्य नही होती तब वह ग्रन्थ पवित्र नही हो सक्ती है। और भागवान संबंधित भी नही होती है।

13. जो लोग सत्य के अतीत रहते है वे भगवान के संबंधित लोग नहीं होते है।

14. आजादी और स्वतंत्रता ही दिला सक्ती है

    1. सत्य

    2. आत्मा

15. जो चीज़ हर बंधन को तोड़ सकती है - वह सत्य है।

16. सत्य कभी भी अन्धविश्वास नहीं होता है।

17. जहां सत्य नहीं वहां शान्ति और समाधान नहीं होता।

18. सत्य के अनुसार ही व्यक्ति को मूल्य मिलेगा।

व्यक्ति के अनुसार सत्य के मूल्य नहीं आयेगा।

19. सत्य जानने से असत्य भी पता चलता है।

20. अज्ञानता और अवसरवादिता असत्य पैदा करती है।

21. जो लोग सत्य से परे रहते हैं उन्हें सत्य पसंद नहीं आता।

22. जो लोग असत्य को विश्वास करके, सत्य को असत्य मानते हैं - वे मुर्ख है, अज्ञान लोग होते है। जो लोग असत्य को सत्य, सत्य को असत्य बदलना चाहते है वे निर्दय होते है।

23. हिंसा से परिवर्तन अस्थायी है। सत्य के साथ परिवर्तन स्थायी होता है।

24. सच झूठ हो सकता है, झूठ सच हो सकता है।

लेकिन सत्य असत्य नहीं हो सकता, असत्य सत्य नहीं हो सकता।

25. सच और झूठ बदल जायेंगे, सत्य और असत्य नहीं बदलेंगे।

26. जो दिख रहा है वह सच है, मगर दिख रहा सब सत्य नहीं होता।

27. सत्य और असत्य निरनतर है।

सच और झूठ अनित्य है।

28. जो अभी है वह सच है।

जो हमेशा रहता है वह सत्य है।

29. सच- अनित्य, सत्य- निरन्तर।

30. सत्य के लिए प्रमाण कि जरूरत नहीं है लेकिन झूठ के लिए जरूरत है।

31. सत्य के लिए सत्य ही उत्तर है, अनेक जवाब नहीं होते हैं।

32. सत्य निरन्तर है, पवित्र है, ताकतवर है, शक्तिशाली है।

33. भगवान कि विचार - ज्ञान

34. विज्ञान इनसानों का है, ज्ञान भगवान का है।

विज्ञान बदलता रहता है, ज्ञान अचल है।

35. जो भगवान तुम को सुचित करता है- वह ज्ञान है।

अगर सिर्फ तुम समझ सके तो - वह व्यवहारिक ज्ञान है।

36. ज्ञान बदलाव की कारण होता है, मगर ज्ञान नहीं बदलता।

37. भगवान और अत्मा के कारण ज्ञान मिलता है।

38. ज्ञान का मतलब -

1. खुद को पहचानना
2. तुम खुद को जानना

39. तुम्हे ज्ञान वाक्यों द्वारा जानने को मिलता है।

भगवान और परिश्रम द्वारा तुम्हे ज्ञान प्राप्त होता है।

40. ज्ञान प्राप्त करने का मार्ग भगवान का भय और भगवान से संबंध रखना है।

41. मनुष्य में दो प्रकार के विचार होते है
    1. ज्ञान संबंधित विचार
    2. बुद्धि संबंधित विचार

42. बुद्धि संबंधित विचार दो प्रकार होते है -
    1. अज्ञान से जुड़ा हुआ बुद्धि
    2. ज्ञान से जुड़ा हुआ बुद्धि

43. बुद्धि- अनित्य, ज्ञान- निरन्तर।

44. बुद्धि से बदलाव - अस्थायी है, ज्ञान से बदलाव - क्रान्तिकारी है।

45. वे लोग जिनके पास वे लोग हैं जिनके पास नहीं हैं को देना धर्म है, वह धन हो, ताकत हो, ज्ञान हो, हिम्मत हो या करुणा।

46. जिनके पास दैवत्वता और मानवता नहीं होता वे धर्म का पालन नहीं कर सक्ते है।

47. जीवन के नियम दो प्रकार होते है-
    1. भगवान का सिध्दांत
    2. कर्मा का सिध्दांत

48. जो लोग भगवान से जुड़े हुए होते है, उनके जीवन भगवान का सिध्दांत पर आधारित होता है। जो लोग भगवान से जुड़े नहीं होते है, उनके जीवन कर्मा का सिध्दांत पर आधारित होता है।

49. किसी कि योग्यता पर, उनके किये हुए काम पर उससे मिले परिणामों को भुगतना ही कर्म का सिध्दांत होता है।

50. किसी कि योग्यता से नहीं, उनके किये हुए काम पर नहीं मगर भगवान कि कृपा से परिणामों को भुगतना भगवान का सिध्दांत होता है।

51. भोजन, कपड़े, घर, अलंकार ये सब निजी मामला है, ये सब शरीर और संस्कृति के संबंधित है- ये बदलते रहते है।

52. प्रेम, सत्य, विश्वास, प्रामाणिकता, धर्म - ये सब आत्मा और दिव्य मार्ग से संबंधित है- ये नहीं बदलते

53. जिनके के पास भगवान है उन्के पास शारीरिक सम्बादित और आत्मा सम्बादित जैसे दो प्रकार के बातें रहते हैं। जिनके के पास भगवान नहीं है उन्के पास सिर्फ शारीरिक बातें ही रहते हैं।

54. भगवान संबंधि लोग शारीरिक सम्बादित बातें के बजाय आत्मा सम्बादित बातें को ज्यादा मूल्य और प्राथमिकता देते हैं।

55. जो लोग भगवान को जानते है वे आत्मा सम्बादित बातें को ज्यादा मूल्य देते हैं।

   जो लोग भगवान को नहीं जानते है वे शारीरिक सम्बादित बातें को ज्यादा मूल्य देते हैं।

56. मनुष्य दो प्रकार होते हैं -

   1. भगवान को जानते वाले

   2. भगवान को नहीं जानते वाले

57. भगवान से दूर रहने वाले -

   1. वे अपने बारे में महान सोचते हैं।

   2. वे भ्रष्ट हो जायेंगे।

   3. वे केवल विलासिता में ही आनंद लेंगे।

   4. वे दुष्ट हो जायेंगे।

   5. वे क्रूर हो जायेंगे।

58. जिनके पास भगवान है-

   1. वे स्वयं को नम्र करेंगे

   2. वे खुद ही सही हो जायेंगे।

   3. उन्हें आनंद मिलेगी और वे मर्यादा में रहेंगे।

   4. वे नियम का पालन करते है।

   5. वे शान्ति और आजादी से रहते है।

पूजा, प्रार्थना, भक्तों, रास्ता

59. अगर तुम भगवान को आराधना करना चाहते हो तो पहले भगवान के बारे में जानो।

60. आप जिस भगवान की पूजा और आराधना कर रहे हैं उसके बारे में आपको यह जानना चाहिए:-

    1. वह आपसे भी अधिक पवित्र हो।

    2. उसे जीवित रहना चाहिए।

    3. उसे आपकी प्रार्थना सुननी चाहिए।

    4. उसे आपकी प्रार्थनाओं का उत्तर देना चाहिए।

61. भगवान को पूजा करने वाले सभी ईमानदारी, यधार्थता, पवित्र लोग नहीं होते है।

    भगवान से डरने वाले यधार्थता लोग होते है। भगवान की पंसंदीदा लोग ईमानदारी होते है। सत्य का पालन करने वाले पवित्र होते है।

62. पूजा पाठ करने से भगवान को संतुष्ट मिलती है, बलकि तुम्हें संतुष्ट मिलती है।

    भगवान कि आज्ञा पालन करने से भगवान संतुष्ट होते और श्रम, आशिर्वाद, दुआ तुम्हें मिलती है।

63. प्रार्थना केवल बातों वाली बाते नही है। दिल, बोली, काम तीनों मिलकर सम्पूर्ण प्रार्थना होती है।

64. केवल सत्य और आत्मा से करनेवाली प्रार्थना भगवान तक जाता है।

65. जो लोगों कि प्रशंसा चाहते है वे सार्वजनिक में पूजा करते है। जो भगवान कि प्रशंसा चाहते है वे अकेलापन में प्रार्थना करते है।

66. प्रार्थना दो प्रकार के होते हैं -

    1. मांगने वाली प्रार्थना

    2. सुनने वाली प्रार्थना

67. लोग अपने शत्रु के लिए भगवान से प्रार्थना इस तरह करना चाहिए -

    1. उनके मन में बदलाव होने चाहिए

    2. उनसे किये हुए नुकसान से बचना है

    3. उनसे बढकर अच्छे स्थान में रखना

68. वास्तव में भगवान कि आराधना करने का अर्थ भगवान कि आज्ञाएं का पालन करना होता है ना कि भागवान कि प्रशंसा करना।

69. मनुष्य दो प्रकार से आराधना करते है -

    1. भगवान पर पूरी तरह से निर्भर होके आत्मा और सच्चाई से प्रार्थना करना।

    2. चेतना पर निर्भर हो कर तन मन से आराधना करना।

70. प्रत्यक्ष से दिखनेवाले शरीर, कपडे, सजावट सामान से भगवान को पूजा करने से दर्शक गण से ही तारीफ, प्रतिफल मिलता है।

71. अदृश्यवाले आत्मा, प्रेम, सत्य, सच्चाई से प्रार्थना, आराधना करने से भगवान से तारीफ, प्रतिफल मिलता है।

72. कोई भी भगवान को आराधना से उनके संबंधि नहीं होते है। जो भगवान को सब कुछ अर्पण करते है वे भगवान को प्रिय हो जाते है, भगवान के होते हैं।

73. देवत्व चाहने से नहीं आता है, देवत्व वो चीज है जोकि भगवान संतुष्ट हो व्यक्ति को प्रधान करते है।

74. भक्तों में भी दो प्रकार के लोग होते है-

    1. भगवान खुद चाहने वाले भक्त गण

    2. भगवान को चाहने वाले भक्त गण

75. भगवान अपनी इच्छा से किसी को चुनते है उनको अपनी नियंत्रण में रखने का प्रयत्न करता हैं। जो भक्त भगवान को चाहनेवाले हैं वे भगवान को निर्धारित करने और नियंत्रित करने का प्रयास करते हैं।

76. एक आदमी भगवान का भक्त बन सकता है, भगवान का सेवक बन सकता है, भगवान का जन बन सकता है, भगवान का बच्चे बन सकता है, लेकिन भगवान नहीं बन सकता है।

77. पाखण्डी लोगों को भगवान से प्रतिफल नहीं मिलता है।

78. वेषभूषा से लोगों कि तारीफ प्राप्त कर सक्ते हैं लेकिन भगवान से नहीं।

79. प्रत्यक्ष रूप से दिखने वाले की तारीफ की इच्छा के लिए करने वाले काम को भगवान से प्रतिफल नहीं मिलता।

80. लोगों कि तारीफ की इच्छा के लिए करने वाले काम की लोगों से तारीफ, प्रतिफल मिलती है भगवान को, भगवान कि आज्ञा पालन करते हुए करने वाले काम से भगवान कि तरफ तारीफ, प्रतिफल मिलती है

81. भगवान को अपनी मन समर्पण करने के बिना वह व्यक्ति भगवान को जो भी समर्पित करता है वह स्वीकार नहीं होता। भगवान कि दृष्टि में उस आदमी को और उस चीज को कोई मूल्य नहीं होता।

82. जिनका कोई अंतःकरण नहीं है, भगवान के दृष्टि में उनके प्रार्थना, मांग, दर्द, खुशी का कोई मूल्य नहीं होता।

83. भगवान को देदिया भी उसका प्रतिफल न मिलने का कारण

   1. दिखावा के लिए करना

   2. अपेक्षा से देना

   3. बडबडा के देना

84. तुम्हारे प्रार्थना, आराधना भगवान तक पहुंचना है लोगों तक नहीं।

85. भगवान के प्रजा जैसा या भगवान कि प्रमाण से जीने का मतलब है -

    1. सत्यमार्ग पर चलना

    2. भगवान का नियम पालन

    3. खुद से ज्यादा भगवान को महत्व देना

    4. भगवान के लिये सेवा करना

    5. भगवान के साथ ईमानदारी से रहना

    6. भगवान को जीवन अर्पित करना

    7. भगवान के सामने अपने गलूतियां, पाप, कमजोरियां को मानना

    8. भगवान को नपसंद चीजें को अपने से निकालना

    9. शक्तिशाली, अद्भुत जीवन जीना

86. किसी भी भगवत मार्ग का निर्माण सत्य, धर्म, न्याय, प्रेम, पवित्रता, नीति जैसे नींव पर बनना चाहिए। अन्यथा यह भगवत मार्ग नहीं है।

87. प्रेम,सत्य, नैतिकता पालन करने वालों को किसी भी मज़हब कि आवश्यकता नहीं है। जिनके पास ये नहीं है उन्हें इन्हें प्राप्त करने और सिखाने के लिए दिव्य मार्ग की आवश्यकता है।

88. किसी तरह कि वेद या भगवत मार्ग व्यर्थ है अगर तुम पालन नहीं कर सकता।

89. भगवत मार्ग चुनने वाले सब भगवत पथ पर चल नहीं सकते। भगवान कि सहायता मिलने वाले ही इस मार्ग पर चल सकते है।

90. अगर भगवान एक है तो मार्ग भी एक ही होता है। बहुत सारे भगवान होते तो बहुत सारे मार्ग होते है। अनेक मार्ग में अनेक भगवान को खोज करने से एक ही मार्ग में एक ही भगवान खोज करना बहतर है।

91. देवमूर्ति में उसे बनानेवाले कि कारिगरि दिखाए देती है। भगवान नहीं।

92. मनुष्य मन्दिर, मूर्ति तैयार कर सकते है लेकिन भगवान को नहीं।

93. मूर्ति कि तुल्ना में, मन्दिर कि तुल्ना में मनुष्य मूल्यवान होता है क्यों कि ये सब मनुष्य से ही बनाया जाता है।

94. भगवान को समझने वाले कहते हैं कि भगवान आपमें, आत्मा में और पूरी सृष्टि में है, लेकिन यह नहीं कहा कि भगवान केवल मंदिरों में मूर्तियों में रहता है।

-3-

आशीर्वाद

95. आशीर्वाद की उद्देश्य

    1. भगवान की महिमा

    2. आशीर्वाद पाने वालों को भलाई

96. आशीर्वाद एक ही दिन में पाने वाली चीज नहीं है। वह भगवान कि अनुग्रह से अनेक कठिनाई जीतने के बाद प्राप्त होता है।

97. अगर किसी व्यक्ति में आशीर्वाद नहीं होता तो उसके अन्दर अभिशाप प्रवेश करने कि सम्भावना है।

98. भगवान कि आशीर्वाद मनुष्य कि जीवन से अभिशाप निकालता है। और अभिशाप कारण मूल शत्रु को दूर करते है।

99. सुरक्षा भिन आशीर्वाद खतरनाक होता है।

100. आशीर्वाद दिखाई नहीं देता है, केवल उसके प्रतिफल दिखाई देता है।

101. आशीर्वाद आत्मा से संबंध रखता है।

102. आशीर्वाद एक क्षमता है।

103. आशीर्वाद कि फल पाने के लिए मेहनत और कठिनाई का सामना करने के लिए तैयार रहना होगा।

104. जब मेहनत और कठिनाई अशीर्वाद से संयुक्त होते हैं तब फल मिलता है और सर्वश्रेष्ठ होते है।

105. एक जिम्मेदार और भरोसेमंद व्यक्ति को आशीर्वाद मिलेगा।

106. जो भगवान कि आशीर्वाद को ठुकरायेगा वह ब्रष्ट होता है।

107. ज्ञान से आशीर्वाद मिलता है।

4

मज़हब, आध्यात्मिक, अंतरात्मा की आवाज

108. अगर एक व्यक्ति भगवान को पूजा करता है और बहुत सारे लोग उसकि तरह पूजा करना ही मज़हब है।

109. धर्म मनुष्य से बनया हुआ एक उपासना प्रक्रिया है नकि भगवान से बनया हुआ एक उपासना प्रक्रिया नहीं है।

110. इस दिन ऐक मज़हब कि स्थापित हुआ तो इस दिन एक और भगवान पैदा होता क्या? भगवान किसी भी मज़हब का स्थापना नहीं करता है।

111. अगर तुम सच में भगवान को जानते हो तो तुम किसी भी धर्म कि पालन नहीं करते हो।

112. आप भगवान की आराधना के लिए कभी किसी के द्वारा स्थापित धर्म को ही क्यों चुनते हैं? जैसा आप ठीक समझें, प्रार्थना करें।

113. मज़हब एक तरीके हैं जिनसे लोग भगवान से प्रार्थना करते हैं। इसके अतिरिक्त ऐसा कोई आदेश नहीं है कि किसी को अन्य लोगों की तरह पूजा करनी चाहिए।

114. मज़हब पाप से मुक्ति नहीं दिलाता। भगवान पर डर, विश्वास रखने से हमें पाप से मुक्ति मिलती हैं।

115. यदि तुम्हारा मन मज़हब पर है, तो तुम भगवान को नहीं जान पावोगे। यदि तुम भगवान को पहचानते हो, तो तुम मज़हब में नहीं रह सक्ते हो।

116. मज़हब संबंधित लोगों के पास केवल बातें रहता हैं।

भगवान संबंधित लोगों के पास बातें और कार्य रहता हैं।

117. जो लोग भगवान से प्रेम करते हैं वे भगवान संबंधि होते हैं।

जो लोग मज़हब को महत्व देते हैं वे मज़हब संबंधित लोगों होते हैं।

118. जो लोग भगवान को नहीं समझते हैं, वे जिस मज़हब में हैं, वे वही हैं।

जो लोग भगवान को समझते हैं, वे जिस भी मज़हब में हैं, वे वही हैं।

119. किसी भी धर्म में सभी अंधविश्वासी एक ही हैं। उनसे भगवान की किसी उपयोग नहीं हैं, और उन्के जीवन की किसी उपयोग नहीं है।

120. मज़हब मनुष्यों द्वारा बनाए गए हैं, इसीलिए वे इतने सारे हैं।

121. कुछ लोग को दिव्य मार्ग से प्रेम प्राप्त होती है।

कुछ लोग अपनी नफरत को उपयोग करने के लिए मज़हब उपयोग करते हैं।

122. यदि मज़हब भगवान को जानने के लिए एक मार्ग है तो कुछ लोग भगवान से ज्यादा मार्ग को महत्व देते है, केंद्रीकृत होते है। इसलिए वे भगवान को समझ नहीं पाते। इसी कारण कुछ लोग के दृष्टि में मज़हब बुरा होजाती है।

123. दिव्य मार्ग मनुष्य से घृणा करने के लिए नहीं कहता है।

इंसानों अपनी घृणा का उपयोग करने के लिए मज़हब का सहारा लेते हैं।

124. भगवान अपना प्रवचन अलग-अलग प्रकार के लोगों को, अलग-अलग तरीकों से, अलग-अलग समय पर दिया है, और मनुष्यों ने उनसे मज़हब बनाया है।

125. मज़हब इंसानों द्वारा बनाये जाते हैं। इसीलिए धर्मों में दोष हो सकते हैं।

126. ऐसा कोई आदेश नहीं है कि किसी व्यक्ति को किसी विशेष मज़हब का पालन करना चाहिए। कोई भी व्यक्ति किसी मज़हब का पालन किये बिना भी रह सकता है।

127. सत्य के बिना मज़हब अंधविश्वास है।

128. पवित्र ग्रन्थ भगवान द्वारा निर्धारित जीवन के तरीके हैं। धर्म वो है जो मनुष्य द्वारा निर्धारित भक्ति के तरीके हैं।

129. लोगों के बीच विभिन्न संस्कृतियों और भाषाओं के कारण भगवान के वचन विभिन्न रूपों में लिखा गया है।

130. जो सिर्फ शारीरिक बातों पर चलते हैं वे मज़हब संबंधित लोग हैं।

131. जो शारीरिक बातों को प्राथमिकता देता है वह मज़हब होता है।

आध्यात्मिकता वह है जो आत्मा चीजों को प्राथमिकता देती है

132. आध्यात्मिकता नकल करने वाला चीज नहीं पालन करने वाली चीज है।

133. अंतरात्मा मज़हब से बेहतर है।

134. मज़हब मज़हब कि गुरु और अतीत को दिखाता है। अंतरात्मा भगवान और भविष्य दिखाते है।

135. अंतरात्मा व्यक्ति मज़हब वाले से बेहतर बेहतरीन है, भगवान कि प्रिय व्यक्ति है।

136. जिसके पास अंतरात्मा नहीं है उनके पास सत्य और ईमानदारी नहीं होता।

5

आत्मा, दिल

137. तुम भगवान को अपने आखों से देख नहीं सकते हो लेकिन आत्मा से पहचान सकते हो।

138. तुम भगवान कि वचन कान से सुन नहीं सकते हो लेकिन आत्मा से समझ सकते हो।

139. तुम्हें आत्मा देने वाला भगवान हीं है।

140. आत्मा और आध्यात्मिक बातें भगवान कि प्रतिनिधित्व करता है, जिन के पास ये सब है। वे भगवान कि संबंधित लोग है।

141. जिन शरीरों में आत्मा और पवित्रता नहीं है उनका ईश्वर की दृष्टि में कोई मूल्य नहीं है।

142. तुम्हारे शरीर में आत्मा रखने और निकालने का अधिकार सिर्फ - भगवान को है।

143. प्राण सभी प्राणी में होती है। मगर आत्मा सभी में नहीं होती है।

144. जैसा ये दुनिया कहती है वैसा तुम मत जियो। जैसे तुम्हारी आत्मा कहती है वैसे तुम्हें जीना चाहिए। तुम्हारे आत्मा इस संसार से भी महान है।

145. तुम्हें खुद से अकले में बिताने चाहते हो तो इसका मतलब तुम आत्मा को पहचानने लगे।

146. शांति और उत्तर आत्मा से संबंधित हैं।

147. भगवान को समझने के लिए आत्मा, आध्यात्मिक वाक्यों की आवश्यकता होती है।

148. भगवान आत्मा और भविष्यवाणियों के माध्यम से आपसे जुड़ता है।

149. एक विश्वास करनेवाला। एक आत्मा और एक शरीर का संयोजन है।

150. मनुष्य दो प्रकार के होते हैं
    1. जो आत्मा का अनुसरण करते हैं।
    2. जो शरीर का पालन करते हैं।

151. तुम्हारी आत्मा तुम्हारे शरीर को चला सकता है।

मगर तुम्हारा शरीर आत्मा को चला नहीं सकता है।

152. आदमी भगवान को जानने के लिए दो तरीके है -
    1. आत्मा के अनुसार
    2. भगवान कि वाणी के अनुसार

153. भगवान को जानने के लिए दो तरिका है -
    1. मनुष्य को भगवान के बारे जानना। इसमें दोष, संदेह हो सकता है और नहीं भी।
    2. भगवान खुद मनुष्य को अपने बारे में बताना। इस में दोष, संदेह नहीं होता है

154. आत्मा की शक्ति सभी शक्तियों से बढ़कर है।

155. शारीरिक क्रियाओं से मनुष्य को संतुष्ट कर सकते है। मगर भगवान को संतुष्ट कर नहीं सकते है।

156. आत्मा का कामों के साथ सभी मनुष्य को संतुष्ट नहीं कर सकते है। मगर भगवान को संतुष्ट कर सकते है।

157. जो लोग आध्यात्मिक पहलुओं का पालन करने वाले भगवान के संबंधित होते हैं।

158. जिनके पास आत्मा है उन्हें मारना बहुत बड़ा पाप है।

159. पुनर्जन्म आत्मा के लिए है शरीर और मनुष्य के लिए नहीं।

160. भगवान और मनुष्य के बीच मध्यस्थ आत्मा है।

161. शापित हैं वे और उनके वंशजों जो उन लोगों को मार डालते हैं जिनमें आत्मा है।

162. कोई भी आध्यात्मिक और नैतिक वाक्यों को उच्चरण करता है वे आध्यात्मिक ताकत पा रहे हैं।

163. आत्मा का काम -

   1. क्या अच्छा है और क्या बुरा है, यह जानने का भेदभाव होना।

   2. बीते हुए कल में किये पापों, गलतियों और दोषों का स्वीकार करना।

   3. फिर से पाप, नीच काम न करने के लिए शक्ति देना।

   4. भगवान और मनुष्य के बीच पुल बनकर भगवान कि निकट पहुंचाना।

   5. सच्चा, धर्मात्मा और पवित्र आदमी बनाना।

   6. भगवान कि विचारों, शब्दों और कार्यों का संचार करना।

   7. जीवन का कर्तव्य सिखाना है और आचरण करना है।

164. जिनके पास आत्मा नहीं है उनके पास कोई भेदभाव, मानसिक क्षमता, ज्ञान, प्रेम, पवित्रता, दिव्य उपस्थिति, कर्तव्य क्षमता नहीं होता।

165. आत्मा के लिए सत्य, अन्तरात्मा, प्यार, विश्वास, नैतिकता, ज्ञान, साहस, आनंद, करुणा वही हैं जो शरीर के लिए अंग हैं।

166. भगवान की कृपा प्राप्त करने के लिए आत्मा की आवश्यकता होती है।

167. जो समय से पहले यात्रा कर सकता है - आत्मा।

168. हर कोई पवित्र आत्मा (परमात्मा) प्राप्त नहीं कर सकते। वह भगवान खुद चुनिंदे लोग को ही देता है।

169. जो लोग पवित्र आत्मा प्राप्त करते हैं वे कारणात्मक हैं।

170. आत्मा, परमात्मा, भगवान सब एक नहीं है।

171. यदि किसी शरीर में आत्मा न हो तो भी वह शरीर इन्द्रियों से कार्य कर सकता है।

172. तुम्हे आत्मा द्वारा विश्वास प्राप्त होता है।

तुम्हे आत्मा भगवान द्वारा प्राप्त होता है।

173. आत्मा के लिए आहार -

1. आध्यात्मिक वाणी

2. नैतिक वाक्यों

174. तुम्हारा मन में बदलाव आने के बाद, आध्यात्मिक रूप से पुनर्जन्म लेना ही स्वर्ग प्राप्त करना है, पुनर्जन्म लेना है, परलोक प्राप्त करना होता है।

175. स्वच्छता, सफाई शरीर और परिवेश से संबंधित रखता है।

पवित्रता शुद्धता आत्मा से संबंधित रखता है।

176. चेतना मानुष्य को प्राप्त होता है।

नया जन्म आत्मा को मिलता है।

177. जिनके पास आत्मसम्मान नहीं है उनके पास खुशी, मन कि शान्ति नहीं होती है।

178. जो काम तुम्हारी शक्ति, तुम्हारी ताकत, तुम्हारी धन, तुम्हारी विध्या से नहीं होती है वह भगवान कि दिया हुआ आत्मा से कर सकते हो।

179. हमारे जीवन में भगवान है या नहीं! इस बात का निर्धारण सिर्फ आध्यात्मिक बातें ही करती है ना कि हमारी शारिरीक विषय।

180. आत्माओं में स्मृतियाँ, परिज्ञान और लक्ष्य होते हैं।

181. जैसे शरीर के लिए आंख होती है वैसे आत्मा के लिए अन्तरात्मा।

182. एक ही आदमी प्रतिमा और आत्मा दोनों को पूजा नहीं कर सकता।

183. पापी और दुष्ट लोगों को सर्वश्रेष्ठ बनानेवाला चीजें- भगवान, आत्मा, आध्यात्मिक बातें।

184. शारिरिक कामों कि वजह से कोई भी ईमानदारी, पवित्र इनसान नहीं बन सकता। सिर्फ आत्मा से हीं बनते है।

185. जिनके पास आत्मा नहीं है वे भगवान को, भगवान कि कार्यों पर विश्वास नहीं कर सकते है।

186. जो लोग आत्माओं को अलग कर शरीर के साथ रहते हैं वे पाखंडी हैं।

187. मनुष्य में दो प्रकार के लोग होते है -

    1. जो दुष्ट आत्मा के होते हैं।

    2. भगवान संबंधित लोग

188. जो लोग दुष्ट आत्मा से संबंध हैं वे दूसरों को नुकसान पहुंचाना पसंद करते हैं

189. भगवान संबंधित लोग भलाई करते है और भलाई को सहमत करते है।

190. अगर एक शरीर ईन्द्रियों से काम करता है - वह साधारण आदमी है।

अगर एक शरीर आत्मा से काम करता है - वह विश्वास जनक आदमी है।

अगर एक शरीर पवित्र आत्मा (परमात्मा) से काम करता है - वह असाधारण आदमी है, भगवत संबंधि है।

191. अपने शरीर को मन्दिर लेके जाने से तुम भक्त नहीं हो। अपनी मन को भगवान को अर्पित करके भगवान कि कृपा पाने से ही तुम भक्त बन जावोगे।

192. जब तुम सो रहे हो तब भगवान तुम्हारी मन को देखता है।

193. मनुष्य लोग तुम्हारी शरीर और करतूत को देखते हैं। भगवान तुम्हारी मन और सोच कि अवलोकन करते है।

194. तुम कठिन, क्षमा न करने वाले हृदय से भगवान को नहीं जान
सकते।

195. तुम अपनी आत्मा को कमाना करो वह तुम्हें सब कुछ कमाके
देता है।

6

क्षमा, पछतावा, जीवन

196. यदि तुम अपने किये हुए गलतियों को सच्चाई से मानते हो, तो भगवान तुम्हें क्षमा करके तुम्हें नई जीवन देने के लिए हमेशा तैयार रहता है।

197. तुम्हारे किये हुए गलतियां और पाप को भगवान क्षमा कर देता है यदि तुम भगवान से दोबारा ऐसे न करने कि क्षमा मांगते हो। दोबारा गलती न दोहराने का शक्ति देता है।

198. तुम जिसको हानी पहुंचकार उससे क्षमा मांग नहीं पा रहे हो तो फिर तुम भगवान से क्षमा मांग सकते हो।

199. अगर तुम्हें भगवान क्षमा कर दिया तो और कोई आपको क्षमा करने कि जरूरत नहीं है।

200. अगर तुम दूसरों को क्षमा कर सकते हो तो भगवान तुम्हें क्षमा कर देगा।

201. अगर तुम दूसरों को जिस विषयों पर क्षमा कर सकते हो तो भगवान भी तुम्हें उसी विषय क्षमा कर देगा।

202. निर्दयी को निर्दयी प्रलय मिलेगा।

203. क्षमा करने वालों को क्षमा मिलती है।

204. जो लोग क्षमा प्राप्त करते हैं वे दण्ड के पात्र नहीं हैं।

205. जो स्वच्छ हैं वे सभी पवित्र नहीं हैं। जो अस्वच्छ हैं वे सभी अपवित्र नहीं हैं।

206. सफ़ाई और स्वच्छता रहने का ये मतलब पवित्रता और पावन रहने नहीं है।

207. स्वच्छता के बिना सफाई को कोई मोल नहीं हैं।

208. एक व्यक्ति पवित्र होने का शुरूआत अपनी पाप और गलतियों को मानना से होता है।

209. गलतियाँ, भूल, पाप करने वाले क्षमा के लिए योग्य है। धोखा, विश्वासघात और षडयंत्र रचाने वालों को दंड के लिए योग्य है।

210. यदि तुम्हारी मन में गलतियाँ, पाप और बुरे कर्म कि याद आता हो, तो तुम्हें जो करना चाहिए वह है भगवान से क्षमा माँगना।

211. यदि आपको अभी भी सज़ा नहीं हुई है तो इसका मतलब है कि आप अभी भी क्षमा के योग्य हैं। लेकिन इसका मतलब यह नहीं है कि भगवान को आपकी गलतियों, पापों और विश्वासघातों के बारे में पता नहीं है।

212. एक व्यक्ति को अपनी पाप और गलतियों का फल स्थिर होने का और भुगतने का कारण - क्षमा न मिलना।

213. किसी भी समय, किसी भी हालात में, कैसी भी पाप हो, कैसी भी गलतियां हो, किसी को भी क्षमा देने वाला - भगवान है।

214. अगर तुम अपने किये हुए गलतियों को मानते हो तो तुम्हें क्षमा मिलेगी। दुबारा गलति करने से रोकने में मदद करती है।

215. दुनिया में गलती न करने वाले कोई भी नहीं है। किए हुए गलती पर पछतावा होके फिर से उस गलती को नहीं करने वाले ही ईमानदार लोग होते हैं।

216. अगर किए हुए गलती को समर्थन कर रहे हो तो इसका मतलब तुम फिर से गलती करने के लिए प्रयत्न कर रहे हो।

217. यदि तुम्से की गयी पापों पर तुम्हे पछतावा मिला तो तुम धन्य हो।

218. मनुष्य से किए गये प्रार्थनाएं में जो भगवान को पंसद हैं वो -

    1. पछतावा के लिए प्रार्थना करना

    2. पछतावा से करनेवाले प्रार्थना

219. तुम्हारे मन में बदलाव आने के लिए तुम्से किए हुए पापों के लिए पछतावा होना काफी है, मगर तुम्हारे जीवन बदलने के लिए भगवान की सहायता जरूरी है।

220. भगवान किनको क्षमा करते है -

    1. की गयी गलतियों, पापों पर पछतावा होना वालों को

    2. फिर से गलतियों, पापों न दोहराने कि प्रयास करने वालों को

    3. अपनी कमजोरी को मानने वालों को

    4. जो खुद को सही करने की कोशिश करने वालों को

221. भगवान किसको सजा देता है-

    1. जो लोग बार-बार दूसरों को नुकसान पहुंचाने की कोशिश कर रहे हैं।

    2. बदलने का मौका देना के बाद भी न बदलने वालों को

    3. बदलने का मौका देना के समय के अन्दर न बदलने वालों को

222. गलत अधिक हुई तो - बुरा है

बुरा अधिक हुई तो - पाप है

पाप अधिक हुई तो - मौत है

223. अत्यधिक लापरवाही पाप के समान है।

224. अनजाने से या इच्छा के विरुद्ध अगर कोई गलती होती है, तो इसमें तुम्हारी गलती नहीं है हालात कि वजह से।

225. तुम्से किए जा रहा भूल, पाप, गलतियां दो प्रकार के होते है-

    1. दूसरों सहने योग्य है।

    2. सिर्फ तुम्हीं सहना और भुगतना है।

226. तुम्हें सिर्फ क्षमा मांगने वाले दुश्मन को क्षमा करना है, न कि तुम्हें बरबाद करने वाले दुश्मन या शत्रु को नहीं।

227. अगर तुम किसी व्यक्ति को बार बार कम मूल्य लगाते हो, धोखा देते रहते हो तो तुम क्षमा भी खोजावोगे।

228. जब तुम कोई गलती नहीं की हो तभी तुम्हें दूसरों की गलती उजागरका अधिकार है।

229. यदि तुम स्वीकार करोगे तो यह भूल, गलती और पाप बन जायेगा।

अगर तुम उसे छिपाकर, संभालते रहते हो तो वे धोखा, द्रोह, कपट बन जाते है।

230. अगर तुम किसी भी व्यक्ति को बार बार क्षमा करते रहते हो तो उस आदमी आने वाले कल में करने वाले गलतियों का जिम्मेवार तुम होगे।

231. तुम जितने भी लोगों को, जितने भी गलतियों को क्षमा दोगे उतने ताकवर बन जाओगे। तुम जितने भी लोगों को, जितने भी गलतियों को क्षमा ना दोगे उतने कमजोर बन जाओगे।

232. गलतियों को मानने वालों को क्षमा दे सकते हो, विश्वास कर सकते हो।

गलतियों को छिपाने वालों को क्षमा मत दो, विश्वास मत करो।

233. कि गयी गलतियों को माफी मांगने से तुम्हें आजादी मिलेगी, ताकत मिलती है।

234. गलतियों को मानने से वह भूल हो जाती है। गलतियों को छिपाने से गलति धोखा हो जाती है।

235. कुछ लोग को क्षमा करके मदद करना चाहिए। कुछ लोग को क्षमा करके छोड देना चाहिए।

236. क्षमा ना मांगने कि मानसिक कमजोरी, माफ करने की मानसिक कमजोरी एक रिश्ता को खो देने का कारण बन सकता है।

7

भरोसा, विश्वास, विश्वास करनेवाला

237. भरोसेमन्द लोग -

   1. भगवान

   2. भगवान को विश्वास करने वाले

238. इन दोनों के लिए कुछ भी असंभव नहीं:-

   1. भगवान

   2. उन लोगों जो भगवान में विश्वास रखते हैं।

239. विश्वासी भगवान द्वारा जलायी गयी ज्योतियाँ हैं।

240. विश्वासियों सब कुछ करते हैं लेकिन बिना वजह, बेकार से, असुरक्षित, भगवान को नपंसद वाले काम बिलकुल नहीं करते है।

241. जो लोग केवल दृश्यमान चीज़ों पर ध्यान केंद्रित करते हैं वे विश्वासी नहीं हो सकते।

242. एक विश्वासी का मंजिल में बाधा डालने वाली उसकी अविश्वास ही है।

243. भगवान है - यह विश्वास है। भगवान नहीं है - यह भरोसा है।

244. तुम्हें भरोसा ज्ञानेन्द्रियों द्वारा मिलता है।, विश्वास आत्मा द्वारा मिलती है।

245. भरोसा तब होता है जब आधार होता है। विश्वास तब होता है जब आधार नहीं होता है

246. सिर्फ भगवान पर भरोसा रखना काफी नहीं है, भगवान कि देन पर भी भरोसा करना जरूरी है।

247. जो भगवान पर विश्वास करता है, वे कभी भी लज्जित नहीं होगें।

248. तुम्हें भगवान पर विश्वास होनी चाहिए या खुद पर। अन्यथा तुम कुछ भी नहीं कर सकते हो।

249. अगर तुम इस दुनिया या यहां कि लोगों पर भरोसा करते हो तो तुम्हारी जीत हो सकती है या नहीं भी। लेकिन भगवान पर विश्वास करने से तुम कामयाब होगे।

250. भगवान पर विश्वास रखने वालों को चैन मिलती है।

251. पूर्ण विश्वास सिर्फ भगवान में ही रखा जा सकता है।

252. भगवान में विश्वास रखने वाले दो लोगों के बीच का रिश्ता एक-दूसरे पर विश्वास रखने वाले दो लोगों के बीच के रिश्ते से महान होता है।

253. भगवान द्वारा की गई अपेक्षा - विश्वासपूर्ण है। मनुष्य द्वारा की गई अपेक्षा अविश्वासपूर्ण है।

254. भरोसा सब को होता है। विश्वास कुछी लोगों को होता है।

255. जिनके पास दिल नहीं है उन्के पास विश्वास नहीं होता।

256. इस दुनिया में सबसे बढकर विश्वसनीय लोग है तो - वे भगवान है।

नैतिकता, ईमानदारी, यधार्थता

257. समय के अनुसार, हालात के अनुसार सत्य का पालन करके कौनसा सच और कौनसा झूठ पता लागाना वाली चीज - नैतिकता है।

258. यधार्थता होने का अर्थ है यह महसूस करना कि ईश्वर जानता है कि आप क्या सोच रहे हैं, क्या बोल रहे हैं और क्या कर रहे हैं।

259. जो लोग अपने जीवन में भगवान की रक्षा और भागीदारी चाहते हैं उन्हें ईमानदारी और यधार्थता से बिताना चाहिए।

260. यदि आप आध्यात्मिक कथनों और नैतिक वाक्यों का ध्यान कर रहे हैं, तो इसका मतलब है कि आप आत्मा की शक्ति प्राप्त करने का प्रयास कर रहे हैं।

261. नैतिक, यधार्थता जीवन जीने वाले भगवान के प्रजा होते है।

262. ये दुनिया तुम्हारी शरीर, धन, विध्या, जात को देखती है। भगवान तुम्हारी दिल, ईमानदारी, यधार्थता, तुम्हारी विचार पर ध्यान देते है।

263. जितने ईमानदारी, यधार्थता तुम जीते हो भगवान तुम्हें उतना आशिर्वाद देता है। तुम जिस देश से हो, जात के हो, मज़हब के हो इससे कोई फर्क नहीं पडता है।

264. भगवान को हर कोई पसंद करता है, लेकिन भगवान ईमानदारी लोग, यधार्थता लोग को पसंद करता है, और उन्हें अपने दिव्य गुण प्रदान करता है।

शुद्धता, पवित्रता, पाप

265. मन की सफाई - पवित्रता है।

266. जब तक तुम जो पवित्र हो तुम सुन्दर, आकर्षीण हो।

267. दिव्य विचारों, बातें और कामों का मूल - पवित्रता है।

268. विचार, बात, काम एक ही होना- पवित्रता है।

269. पवित्रता कि मापक - शुद्धता है।

270. स्वच्छता रहना अच्छी बात है। पवित्र रहना उससे भी महान बात है।

271. जो सत्य को पालन करता है वह कभी भी अपवित्र नहीं हो सकता।

272. सत्य कभी भी अपवित्र नहीं होता।

273. जिनके पास आत्मा नहीं है वे पवित्रता लोग नहीं होता।

274. पवित्रता शारीरिक संबंधित नहीं है। वह आत्मा और दिल से संबंधित है।

275. पवित्रता अच्छाई और बुराई पर आधारित नहीं होता है।

276. पवित्रता अच्छाई और बुराई से परे है।

277. यदि तुम पवित्रता से जीयोगे तो कुदरत तुमसे दोस्ती करता है।

278. पाप करते समय अल्प काल के लिए अच्छा होता है लेकिन बीमारी और दुःख अनन्तकाल रहता है।

279. पवित्रता पाने के समय अल्प काल के लिए कडवा होता है। लेकिन अनन्तकाल के लिए खुशी और तंदुरुस्त रहता है।

280. पवित्रता से विश्वास और हिम्मत मिलती है। पाप से कायरता और डर मिलती है।

281. पवित्रता ताकत और सफलता लेकर आता है। पाप कमजोरी और असफलता लेकर आता है।

282. अगर तुम से पाप निकलना है तो तुम्हारी विचार से पाप निकलना होगा। तुम्हारी बातों से पाप निकलना होगा। तुम्हारी काम से पाप निकलना होगा। तभी तुम से पाप निकलेगा।

283. तुम्हारी पाप और पुन्य तुम्हारी विचार, तुम्हारी बातें, तुम्हारी काम से निर्धारित होता है।

284. बिना पता चले यदि गलति हुए तो वह भूल है। गलति पता चलकर भी अगर एक बार हुए तो वह गलत है। गलति पता चलकर भी बार बार किया तो वह पाप है।

285. तुम्हारी पूर्वजों के पापों को तुम बुगतना - मूर्खता है। भगवान को पहचानकर माफी मांगकर उसकी कृपा पाना ही - बुद्धि है।

286. पापों को पसंद करना,पापों को करना अलग अलग बात है।

287. हो सकता है पापों को पसंद करने वाले पाप न किया हो, न कर सके हो। हो सकता है पापों को नापसंद करने वाले पाप किया हो, कर सकता हो। पाप किये जाने वाले काम में नहीं होता, करने वाली पद्धति में होता है।

288. पाप दो प्रकार के होते है-

    1. व्यक्तिगत रूप से करने वाले

    2. दूसरों के साथ करने वाले

289. व्यक्तिगत रूप से करने वाले पाप-

    1. अपने आप को धोखा देना अपनी आत्मा को धोखा देना है।

    2. उन चीजों को अधिक महत्व देना जो आपके लक्ष्यों, महत्वाकांक्षा और जिम्मेदारियों में बाधा डालती हैं।

    3. क्षमता होने पर भी अपने लक्ष्य, महत्वाकांक्षा और जिम्मेदारी को नजरअंदाज करना।

    4. जो तुम गलत जानते हो उसका दास होना।

290. दूसरों से साथ करने वाले पाप-

अन्यायपूर्ण निर्णय देना, झूठे सबूत, बार-बार गलतियाँ करना, अनैतिक, करना, अन्यायपूर्वक, अधर्मी और गैरकानूनी, गलतियों को सही ठहराना, उन लोगों को नुकसान पहुँचाना जिन्होंने अच्छा किया था, लालच करना, हत्या करना, स्वार्थ के लिए खुद को और दूसरों को धोखा देना, दूसरों के प्रति कोई दया न होना, दूसरों को नीचा दिखाना कर्म होना शब्दों से अलग, समाज को धोखा देना, गलत शब्द, गलत रास्ते और गलत सिद्धांत बनाना नैतिक मूल्यों के विरुद्ध, धोखा देना, गुलाम बनाना, पीठ दर्द अपने स्वार्थ के लिए साजिश कर रहे हैं।

291. पाप अलग-अलग जगहों पर अलग-अलग रूपों में फैलता है और इसलिए भगवान अलग अलग जगहों पर अलग-अलग रूपों में अवतार लेते हैं।

292. ऐसा कुछ करना पाप है जिसे कोई नियंत्रित नहीं कर सकता, चाहे वह शारीरिक हो या मानसिक।

293. जो लोग बिना परिश्रम किये आराम से रहना चाहते हैं उन्होंने पाप करते है।

ईमानदारी और यथार्थता से जीवन जीने से व्यक्ति को पवित्रता मिलती है।

शक्ति, कार्य, कार्यविधि, रिश्ता, मदद

294. भगवान का मतलब शक्ति नहीं है, शक्तियां को नियंत्रण में रखने वाला नेता है।

295. शक्तियां तुम्हारी उपयोग के लिए हैं, दिखावा के लिए नहीं।

296. भगवान के कार्य मानवीय शक्ति से नहीं होते है।

297. दिखाई देने वाले सब कुछ मनुष्य अपने नियंत्रण में लाने का प्रयास करता है। इसलिए मनुष्य को नियंत्रण में लाने के लिए भगवान शक्तियां को गुप्त रखा।

298. भगवान के कार्यों पर मनुष्य निर्णय नहीं ले सकता है।

299. भगवान के कार्यों को करने वाला मनुष्य के योग्यता खुद भगवान निर्णय करता है, मनुष्य नहीं।

300. भगवान के कार्यों को करने वाला मनुष्य के योग्यता पर खुद भगवान निर्णय लेना चाहिए, मनुष्य निर्णय नहीं ले सकता।

301. ईश्वर की इच्छा के बिना किये गये कार्यों का ईश्वर द्वारा फल नहीं मिलता।

302. भगवान कि सोच, कार्यों मनुष्य कि सोच, कार्यों से महान होता है।

303. जब लोगों को न्याय की आवश्यकता हो तो कार्यों होनी चाहिए।

   1. कर्मों के घटित होने के लिए मार्ग का बनना होना आवश्यक है।

   2. मार्ग का बनना होने के लिए है तो नेता पैदा होना चाहिए।

   3. नेता पैदा होने के लिए भगवान कि संकल्प होना चाहिए।

   4. भगवान कि संकल्प होने के लिए लोग भगवान से बिनती करना चाहिए।

304. भगवान को उनकी जरूरत नहीं है जो भगवान की स्तुति करते हैं, भगवान को उनकी जरूरत है जिन्हें भगवान की जरूरत है और जो भगवान के कार्य करते हैं।

305. भगवान कि काम में उलझनें, परिशानियाँ, कठिनाइयाँ, अपमान और हादसा होंगी।

306. भगवान के जन्म लेने वाले, दिव्यता प्राप्त करने वाले, भगवान के लिए काम करने वाले, देवताओं, दिव्य दूतों, दिव्य सेवकों बुलाया जाते है।

307. जैसे भगवान ने एक आदमी को दर्शन देता है वैसे ही दूसरे आदमी को दे सकता है और नहीं भी।

308. भगवान को सहायता करने के लिए इन स्थितियों कि जरूरत है -

    1. वह मदद मनुष्य से नहीं होता या

    2. वह मदद करने के लिए कोई भी मनुष्य नहीं होना चाहिए।

309. भगवान कि सहायता पहले से ही या बाद में नहीं मिलता है। उचित समय पर मिलता है।

310. भगवान की सहायता पाने का मार्ग -

    1. आत्मा

    2. आध्यात्मिक बातें

    3. प्रेम

311. भगवान आदमी को आत्मा से सहायता करता है।

आदमी भगवान कि सहायता आध्यात्मिक बातें द्वारा प्राप्त करता है।

आदमी दूसरे आदमी से प्रेम के द्वारा सहायता प्राप्त करता है।

जो लोग दूसरों पर निर्भर रहना चाहते हैं उन्हें भगवान से सहायता नहीं मिल सकती।

312. भगवान से बढकर कोई अच्छा रक्षक नहीं हैं।

313. भगवान कि रक्षा शाश्वत है मनुष्य कि रक्षा अनस्थिर है।

314. भगवान कि रक्षा प्रक्रिया में भगवान, शक्तियां और मनुष्य शामिल हैं। मनुष्य कि रक्षा प्रक्रिया में वस्तुएँ और लोग शामिल होते हैं।

315. मनुष्य को निर्धारित करने में भगवान का तरीका, मनुष्य के तरीका से नहीं मिलता है

316. भगवान एक मनुष्य को भगवान का आदमी बनाने का तरीका -

    1. उसे आत्मा के साथ पुनर्जन्म लेने देना।

    2. भगवान की उपस्थिति उसे साथ रखना।

    3. भगवान उसका विचारों उसको सुनाना

    4. उसकी गलतियों के आधार पर उसे न छोड़ना।

    5. उसे भगवान की कृपा दे रहे हैं।

317. भगवान जिस प्रकार किसी व्यक्ति की परीक्षा लेता है, उस प्रकार कोई भी उसकी परीक्षा नहीं ले सकता।

318. अगर भगवान किसी मनुष्य को परीक्षा लेता है, तो उसे नुकसान के अधिक अच्छा फायदा ही होगा। अगर किसी मनुष्य भगवान को परीक्षा लेता है, तो उसे अच्छा के अधिक नुकसान फायदा ही होगा।

319. भगवान अच्छे लोगों और बुरे लोगों को देखता रहता है।

320. भगवान कि निर्णय को मनुष्य बदल नहीं सकता है।

मनुष्य कि निर्णय को भगवान बदल सकता है।

321. भगवान से रचित चीजें हैं।

भगवान से बनाई गयी चीजें होते हैं।

322. मनुष्य बनाता है, भगवान रचना करता है।

323. भगवान कि रचनायें को मनुष्य नहीं बदल सकता है, मगर मनुष्य से बनाई गई चीजों को मनुष्य बदल सकता है।

324. शरीर, धन, भोजन, भरोसा, होशियारी, विद्ध्या - ये सब मनुष्य की है।

प्राण, विश्वास, आत्मा, प्रेम, ज्ञान, भूख, नींद - ये सब भगवान की है।

325. लोगों को लाभ पहुंचाए बिना कोई भी भगवान की सेवा नहीं कर सकता।

326. भगवान गलती करने वाले हर व्यक्ति को नुकसान नहीं पहुंचाते क्योंकि भगवान सभी से प्रेम करते हैं। लेकिन जो लोग भगवान के द्वारा ठहराए गए लोगों को हानि पहुंचाते हैं, भगवान उन को अवश्य हानि पहुंचाएगा।

327. भगवान से संबंधित लोगों को जितनी हानि पहुंचाया तो हानि करनेवालों को उतनी ही हानि होती है।

328. भगवान के नियुक्त लोगों के लिए

    1. जो अच्छा करेंगे उन्हें अच्छा मिलेगा।

    2. जो हानि पहुंचायेगा उन्हें हानि होगा।

    3. जिनको दुश्मनि है वे भगवान के दुश्मन होते हैं।

    4. जो विरोध करते है वे भगवान के विरोधि होते हैं।

329. भगवान इंसान को यहीं देता है -

शरीर, प्रेम, ज्ञान, विश्वास, बुद्धि, अधिकार, खूबसूरति, स्वास्थ्य, विध्या, प्रतिभा, स्तर, यश। उसे जो जीवन जीना है उसके आधार पर, यह एक ही समय में एक ही व्यक्ति को इन सभी दिया जा सकता है या नहीं भी दिया जा सकता है।

330. भगवान तुमको वह नहीं देता है जो तुम चाहते हो, जब तुम चाहते हो, जैसे तुम चाहते हो। भगवान जो देना चाहते हैं, जब देना चाहते हैं, जिस तरह से देना चाहते हैं, वही देते है।

331. यह लोगो पर भगवान मज़बूत से कार्य करता है -

    1. जिससे वो प्रेम करता है।

    2. उसकी प्रिय व्यक्तियों पर कोई हानि पहुंचाता है।

    3. जो खुद को भगवान से महान मानते है।

332. भगवान तुमको कुछ भी नही दिया या तुम्से कुछ हटाया तो उसका कारण-

    1. वे तुम्हें भलाई नहीं कर रह हो

    2. उन्से तुमको हानि हो सकता हो

    3. तुम्हारी तरक्की को बाधा डालने वाली चीजें हो

    4. उन्से बेहतरीन पाने कि मौका मिला हो

333. एक व्यक्ति कि अतीत, वर्तमान, भविष्य देखने वाले, उस व्यक्ति को ये सब बाताने वाला एक ही है - भगवान।

334. भगवान कुछ हालत में युद्ध करने वालों को मदद करता है, मगर दूसरों को हानी पहुंचने वालों को किसी समय में भी किसी प्रकार का मदद नहीं करता है।

335. भगवान पवित्र है इसलिए पवित्र पवित्र रहना चाहता है। भगवान शक्तिशाली है इसलिए वे सजा दे सकता है, माफ कर सकते हैं, अच्छा कर सकते है।

336. भगवान को वे लोग समझते हैं जिनके हृदय में भगवान है।

337. भगवान जो भी प्रारंभ करते है, वे पूर्ण होते है।

स्वर्ग, नरक

338. स्वर्ग का मतलब तुम्हारे शरीर मरने के बाद कहीं नहीं रहेगा। स्वर्ग जीवन वह जीवन है जो भगवान को जानकर आत्मा का अनुसरण करता है।

339. यदि तुम्हारे दिल में दिव्यता है तो तुम स्वर्ग में रहने का बराबर है।

यदि तुम्हारे दिल में क्रूरता है तो तुम नरक में रहने का बराबर है।

340. जो गलतियां करके खुद को समर्थन करता है, छिपाता है उसको भगवान श्राप देकर नरक प्रदान करता है। गलति न दोहराने के प्रयत्न करने वालों को प्रेम करके, सजा देकर स्वर्ग प्रदान करता है। ये सब मर जाने के बाद कहीं नहीं होगा, जीते जी इस भूमी पर होता है।

341. सत्य की रोशनी में जीना - स्वर्ग है।

342. स्वर्गलोक जीवन भोगने वालों के गुण, लक्षण -

प्रेम, शान्ति, दया, सात्विकता, सच्चाई, नम्रता, अच्छी बातें, मदद करना, उत्तेज, आनंद, जवाबदारी, आजादी, स्वतंत्रता, ईमानदारी, साहस।

343. नरक लोक जीवन भोगने वालों के गुण, लक्षण -

घृणा, बदनामी, अहंकार, गर्व, वासना, व्यसन, भेष, अभिनय, अधिक खाना, अधिक पीना, अधिक सोना, असत्य, ईर्ष्या, द्वेष, झूठ, ईर्ष्या, द्वेष, धोखाधड़ी, विश्वासघात, गुलामी, मानसिक कमजोरी, कायरता।

जीवन

344. भगवान को पहचानने से तुम अपने बारे में, अपनी जीवन के बारे में भी जान सकते हो।

345. यदि आप अपने जीवन में भगवान की भागीदारी चाहते हैं, तो आपको उस चीज़ को खोने के लिए तैयार रहना चाहिए जो भगवान को आप में पसंद नहीं है।

346. जिन विषय में तुम भगवान को सौंपते हो उन्हीं विषय पर भगवान कि भागीदारी होगी।

347. आपके जीवन में कुछ चीजें हैं जो भगवान करेंगे, और कुछ चीजें हैं भगवान आपके द्वारा बनाता है।

348. अगर तुम्हारे जीवन मे खुशीयों है तो उसकी वजह -

    1. तुम्हारे जिन्दगी में भगवान है।

    2. तुम्हारे पास महत्त्वाकांक्षा है।

    3. तुम ईमानदारी हो।

349. बिखरा हुआ तुम्हारी जीवन, तुम्हारी सपने को सुधारनेवाला - भगवान है।

350. हर एक आदमी की जीवन पहले से ही निश्चित या लिखा हुआ नहीं होता है। वह उनकी माता-पिता के अनुसार, आसपास के लोगों के अनुसार, आस-पास की स्थितियों के अनुसार, उनकी क्षमता के अनुसार तैयार होता है।

351. हर एक आदमी की जीवन पहले से ही निश्चित नहीं होता है। भगवान जिसे चुनता है उसका जीवन, उसके जिम्मेदारियां पहले निश्चित होता है।

352. जो लोग अपना जीवन जारी नहीं रख सकते वे भगवान की मदद से, भगवान पर निर्भर होकर अपना जीवन जारी रख सकते हैं। तब से उनका जीवन परमेश्वर द्वारा निर्धारित होता है।

353. भगवान उन लोगों में रुचि रखता है जो उसके जीवन से घृणा करते हैं।

354. भगवान से संबंद्धित जीवन -

    1. भगवान पर आधरित जीवन

    2. भगवान को सौंप हुए जीवन

355. भगवान को सौंप गए कामों को, जिन्दगी को, मनुष्यों को भविष्य और उन्नती होती है।

356. भगवान उन्हीं के जीवन में हैं जो भगवान के निर्णयों के अनुसार जीवन जीते हैं, जो भगवान से अपने निर्णयों के अनुसार प्रार्थना करते हैं उनके जीवन में कोई भगवान नहीं होते।

357. हर एक को भगवान कि जरूरत है। मगर हर एक कि जिन्दगी में भगवान नहीं होते।

358. किसी व्यक्ति के जीवन में भगवान कि महिमा उसकि जीवन में हुए अच्छाइयों पर निर्भर करता है।

359. भगवान को पहचानने वाली जिन्दगी पहाडी पर चढने जैसा है।

360. भगवान को पहचानने के बाद वाली जिन्दगी पहाडी से उतरने जैसा है।

प्रेम

361. भगवान कि गुण होता है, भगवान कि प्राथमिक गुण है।

362. ईश्वर के सभी मार्ग आपके अंदर मानवता को याद रखने और आपके दिल में प्यार भरने के लिए हैं।

363. भगवान से प्रेम करना भगवान की आज्ञाओं का पालन करना है, यह सोचना कि भगवान हमेशा आप पर नज़र रख रहा है।

364. भगवान के लिए सब एक है। जितना तुम भगवान को प्रेम करते हो उतना भगवान तुमसे प्रेम करता है।

365. युवा लोग जानलें, भगवान से बढकर कोई और तुमहे प्रेम नहीं दे सकता।

366. पहले भगवान का प्यार पाओ, फिर किसी का प्यार उनके साथ बांटो।

367. जब तुम्हारे पास सब कुछ है, सब तुम्हें पसंद करते है, चाहते हैं। जब तुम्हारे पास कुछ भी नहीं है तब भगवान और उने संबंधित लोग ही तुम्हें पसंद करते है, चाहते हैं।

368. जब किसी मनुष्य को प्रेम नहीं दिया जा सकता, चाहे धार्मिक मार्ग कोई भी हो, वह उस मनुष्य के लिए व्यर्थ है।

369. माता, पिता, प्रेमिका, प्रेमी, भाई, बहन, मित्र, रिश्तेदार- इन में से कोई संबंध नहीं है तो भी जिवित रखने वाला चीज एक ही है - भगवान कि प्रेम।

370. भगवान कि प्रेम पाने वाले धन्य होते है, वे मनुष्य के साथ कोई भी संबंध नहीं रखने के बावजूद वे अपनी आनंद नहीं खोते हैं।

371. किसी को भी प्रेम करने वाला- भगवान है।

ताकत, कमजोर

372. भगवान तुम को रास्ता दिखाता है। चलने के लिए ताकत और शक्ति देता है। तुम्हें सिर्फ चलना है।

373. दुर्बलता के समय में तुम जितना भगवान पर निर्भर करते हो, उतना ताकत भगवान तुम्हें देता है।

374. अगर इस दुनिया के लोग तुम्हे अपमान कर रहे है तो ये जान लो कि उनसे शक्तिशाली भगवान तुमें प्रेम कर रहें है।

375. दुनिया कि नजर में धनवान - बलवान व्यक्तियों है।

दुनिया कि नजर में निर्धन व्यक्ति- मूर्ख और कमजोर व्यक्तियों है।

भगवान कि नजर में धनी ही - धनवान व्यक्तियों है।

भगवान कि नजर में प्रेम पाने वाला ही - बलवान और शक्तिमान व्यक्तियों है।

डर, हिम्मत

376. भगवान से डर तभी तुम किसी से भी डरने कि जरूरी नहीं है।

377. धन्य हैं वे जो भगवान की शरण लेते हैं।

378. भगवान का डर एक बार उत्पन्न होने जो बाद कभी नहीं जाता है।

379. अगर तुम दुनिया से डरते हो तो तुम कुछ नहीं कर सकते।

380. भगवान से डरते हो तो कुछ भी कर सकते हो।

381. जब आप डरना नहीं चाहते तो आपको हिम्मत देने के लिए कुछ चाहिए। ईश्वर से अधिक हिम्मत आपको कोई नहीं दे सकता।

382. भगवान से मिलने वाला हिम्मत जन्म से, धन से और शक्ति से मिलने वाले हिम्मत से अधिक उपयोगी होता है।

383. आचरण का डर मनुष्य के डर से बेहतर है, भगवान से डर उससे भी महान है।

384. जो मनुष्य से डरते हैं वे ईमानदारी नहीं बन सकते।

    जो लोग आचरण में और भगवान से डरते हैं वे ईमानदारी बन जाते हैं

385. जो लोग ईश्वर से नहीं डरते वे इंसानों को महत्व नहीं देते।

386. ईश्वर से उत्पन्न डर और हिम्मत तुम्हें कभी नहीं छोड़ते।

387. जो भगवान से डरते है वे किसी और नहीं डरते है।

388. जो लोग भगवान की आज्ञा मानते हैं उन को बहुत सी चीज़ें मानेंगे

389. जो लोग भगवान से डरते है वे -

    1. भगवान के प्रति समर्पित होकर जिऊंगा।

    2. अपनी कि हुए गलतियाँ स्वीकार करते हैं।

    3. बुराई से नफरत करते हैं।

    4. भलाई करने की पसंद होगी।

-16-

धन, जरूरतें

390. भगवान कि देन में जो महत्वपूर्ण चीजें हैं वे प्रेम, विश्वास, ज्ञान। अगर तुम सच में भगवान को पहचानते हो तो तुम ये सब पाओगे।

391. यदि आप भगवान के बारे नहीं पता हैं, तो आप भगवान से धन, शिक्षा, आभूषण और वाहन माँगेंगे।

392. तुम गरीबी में रहने का कारण-

    1. इंसानों पर विश्वास करके

    2. क्योंकि भगवान ने तुम्हें नहीं दिया।

393. तुम्हारी निःस्वार्थ सहायता भगवान को ऋण देने के समान है।

394. क्या चाहिए तुम्हें अच्छी तरह से मालूम है, पर भगवान को उस से ज्यादा मालूम है।

395. भगवान से मांगे हुए चीजों में दोष हो सकता है। मगर भगवान से दिये हुए चीजों में कोई दोष नहीं होगा।

396. तुम्हें कब, कहां, कैसे, कितने देना है भगवान को अच्छी तरह से पता है।

397. तुम्हें जो चीजें जरूरी है वह देने से पहले, भगवान तुम्हें जो चीजें आवश्यकता नहीं है वो चीज निकाल देता है। तुम इसके लिए फिकर मत करो।

398. महान लोगों को देखें जानें कि भगवान ने उन्हें क्या दिया है। अपने आप को देखकर या भगवान से जानें कि ईश्वर ने आपको क्या दिया।

399. जब भगवान आपको देना चाहता है तो वह दूसरों को आपको देने नहीं देगा।

400. व्यक्ति का जीवन दृश्य शरीर, धन, वस्त्र और भोजन की अपेक्षा अदृश्य प्रेम, ज्ञान, निद्रा, भूख से अधिक प्रभावित होता है।

401. भोजन, धन, विद्या, बुद्धि, वस्त्र, वाहन, आभूषण इनके लिए भगवान की आवश्यकता नहीं है। इन्हें मनुष्य भी अर्जित कर सकते हैं।

402. विश्वास, प्रेम, जीवन, ज्ञान, आनंद, स्वास्थ्य ये सब लोग चाहे भी नहीं मिलता। उन्हें भगवान की जरूरत है।

मेहनत, मुस्किल

403. मेहनत एक दैवीय गुण है।

404. मेहनत भगवान को पसंद है।

405. भगवान के लिए, लोगों के लिए और दूसरों के लिए किये गये कार्यों में मेहनत निश्चित है।

406. यदि आप दूसरों की भलाई करते समय होने वाले कष्टों और कठिनाइयों को सहन करते हैं, तो आप भगवान के प्रिय बन जाएंगे।

407. जब आपके मेहनत और जरूरतों में आपके साथ कोई नहीं है, तब भगवान आपके साथ होंगे।

408. अगर तुम्हें कोई कठिनाई आयी है का मतलब भगवान तुम्हें कुछ सीखा रहें है। वह बात कठिनाई दूर होने के बाद पता चलता है।

-18-

पेशा, काम

409. आपका पेशा भगवान द्वारा आपको प्रदान किया गया कार्य है। ईमानदारी से काम करना भी प्रार्थना का हिस्सा है।

410. आपका पेशा वह कौशल है जो भगवान ने आपको दिया है

आदेश, बातें

411. भगवान कि आदेश पालन करने में फायदा तुमको है भगवान को नहीं।

412. भगवान कि आदेश पालन करने से आशिर्वादें -

    1. तुम्हारे जीवन में सब कुछ भले में बदल जाता है।

    2. तुम्हारी प्रार्थनाएं भगवान तक पहुंचता है।

    3. तुम्हारी इच्छायें पुरी होंगें।

    4. तुम्हारी मन्नतें स्वीकार किया जाता है।

    5. तुमें क्या निवेदन करने के बारे में पता चल जाता है।

    6. तुम्हें सुरक्षा मिलती है।

    7. तुम्हें ज्ञान मिलता है।

    8. तुम्हें नेतृत्व मिलता है

    9. तुम्हें किसी चीज कि कमी नहीं होगी।

    10. भगवान का रहस्य पता चल जायेगा।

413. एक आदमी को सुनाई देने वाले बातें -

    1. भगवान के बातें

    2. मनुष्य कि बातें

    3. दुनिया कि बातें

    4. शैतान बातें

414. भगवान कि बातें विश्वास करने आस्था चाहिए।

आस्था पाने के लिए भगवान कि बातें जरूरत है।

415. भगवान कि बातें

    1. दुनिया के ज्ञान से अतीत है।

    2. विश्वास के लिए प्रधान है।

416. भगवान कि बातें -

    1. सत्य होते है।

    2. वहाँ जीवन है।

    3. वे ज्ञान दाता हैं।

    4. विचारजनक होता है।

    5. ताकत और शक्ति देता है।

    6. प्रभावित करता है।

417. भगवान के वचन किसे मिलो करता हैं -

    1. भगवान को ढूंढने वालों को

    2. ज्ञान पाने को चाहने वाले को

    3. टूटे हुए दिल रखने वालों को

    4. जो गरीब हैं

    5. उन लोगों के लिए जिन्होंने मानवीय उपकार खो दिया है।

418. भगवाने के वचन मनुष्यों की विश्वास से परे हैं।

इंसानों की बातें ऐसी होती हैं कि इंसान उन पर यकीन कर लेता है।

दुनिया की बातें दुनिया में हो रहा जैसा होता हैं।

निंदा करनेवालें की बात असत्य होता हैं।

419. भगवान कि नजर में जो मूल्यवान हैं-

    1. भगवान से डरते है।

    2. भगवान में विश्वास रखते है।

    3. जिनके पास अन्तरात्मा है।

420. भगवान के पसंदिदा लोग-

1. धर्मात्मा और सच्चे लोग

2. भगवान में विश्वास रखने वाले

3. टूटे हुए दिल रखने वालें

421. भगवान नफरत करनेवालों -

1. सत्य के प्रति अवज्ञाकारी वालों

2. खुद को धोखा देने वालों

3. मनुष्य के बीच मतभेद खडे करने वाले

4. ईर्षा और घृणा रखने वाले

सृष्टि

422. भगवान मनुष्य के लिए प्रकृति को रचना किये है।

मनुष्य को छोड़कर सभी जीवित प्राणी प्रकृति का हिस्सा हैं।

423. मनुष्यों को जीवन देती प्रकृति भगवान के अधीन है। सिर्फ मनुष्य ही भगवान के अधीन में नहीं है।

424. इस सृष्टि में तुम्हारे लिए नामुमकिन चीजें -

    1. वहां जाना जहां भगवान नहीं है।

    2. भगवान की जानकारी के बिना कुछ करना।

    3. भगवान की जानकारी के बिना कुछ भी सोचना।

425. एक बच्चे के लिए एक ही पिता होता है - एक सृष्टि के लिए एक ही भगवान है।

426. सृष्टि कि शुरुआत और अन्त मनुष्य जान नहीं सकते। क्यों कि सृष्टि कि रचना मनुष्य नहीं किया - भगवान कि रचना है।

तुम्हारा, तुम्हे, तुम, तुझे, तुममें

427. तुम्हारे जीवन में वह सब कुछ जो तुम्हारे शक्ति से, तुम्हारे ताकत से नहीं कर सकते वह भगवान द्वारा किया गया है।

428. तुम्हारे योजना में, कुछ ऐसी स्थितियाँ होती हैं जो तुम्हारे समझ में आती हैं। भगवान की योजना में, कुछ ऐसी स्थितियाँ होती हैं जो तुम्हारे समझ में नहीं आती हैं।

429. तुम्हारे लिए कोई नहीं है? तो तुम्हारे लिए भगवान है।

430. यदि आप कुछ देना चाहते हैं तो अपने से नीचे वालों और गरीबों पर निर्भर करें।

431. यदि आप कुछ चाहिए तो तुम तुम्से ऊंचे वालों पर, भगवाने पर निर्भर करें।

432. तुम्हें महिमा, महत्व भगवान से ही प्राप्त होता है।

433. जो भी भगवान ने तुम्हें दिया है वह भगवान कि इच्छा के अनुसार उपयोग करना चाहिए।

434. आत्मा के जरिए, वाक्यों के जरिए, गाने के जरिए, उपदेश के जरिए भगवान अपनी विचारों को तुम्हें सूचित करता है।

435. अगर तूम अपने आप को पूरी तरह से भगवान को समर्पन करते हो तभी भगवान तुम्हें अपनी विचारें सूचित कर सकता है, तुम्हें कुछ भी दे सकता है, तुम्से कुछ भी करवा सकते है।

436. अगर तुम एकान्त में रहते हो तो भगवान अपनी विचारों को सूचित करने का प्रयत्न करता है

437. अगर तुम भगवान को जानने के लिए, समझने के लिए मन्दिर जाना चाहिए न कि मन्दिर जाना का कारण भगवान मंदिर में ही मौजूद हैं।

438. भगवान को पहले जान लो फिर भगवान से वरदान मांगो।

439. प्रतिफल के भिना वरदान व्यर्थ है।

440. तुम अब, कहां, कैसे, क्या कर रहे हो, क्या सोच रहे हो भगवान को मालूम है। भगवान तुम को देख रहा है।

441. हो सकता है आप कुछ न सीखें लेकिन भगवान तुम्हें कुछ भी सीखा सकते है।

442. यदि आप ईश्वर के प्रति आज्ञाकारी हैं तो आपको पता चलेगा कि स्वतंत्रता क्या है।

443. अगर तुम कुछ भी हासिल किये तो घमंड मत हो, उस कार्य को करने के लिए भगवान ने तुम्हें सेवक नियुक्त किया है।

444. तुम खुद को धोखा दे सकते हो। दूसरों को धोखा दे सकते हो, मगर तुम भगवान को किसी भी तरह धोखा नहीं दे सकते हो।

445. कुछ हालतों में तुम खुद पर काबू पा नहीं सकते हो। तुम्हारे मा बाप तुम्हें नियन्त्रण नहीं कर सकते, लेकिन भगवान तुम्हें नियन्त्रण कर सकते है।

446. जब तुम रचनात्मक होते हैं तो तुमको नयापन मिलती है। मगर चनात्मकता भगवान द्वारा मिलती है।

अन्य वाक्यों

447. सभी रिश्तों में सबसे बड़ा रिश्ता - भगवान और मानव के बीच का रिश्ता है।

448. अगर मनुष्य को भगवान के बारे सब कुछ समझ आता है तो वो भगवान कैसा। मनुष्य और भगवान में क्या फर्क है। इसलिए जो भगवान को नहीं समझते है वे कहते भगवान नहीं है। कुछ लोग जो भी समझते है उसे वे भगवान कहते है।

449. सब लोग को देवताओँ जानते है मगर सब लोग को भगवान नहीं जानते है।

450. हर एक व्यक्ति के अन्दर भगवान नहीं रहता, भगवान व्यक्ति के अन्दर रहता है जिस व्यक्ति के अन्दर भगवान रहने का मौका होता है।

451. लोग किसी भी चीज को भगवान से बढकर मानते है वे भगवान को सम्बंदित लोग नहीं है।

452. भगवान की समर्थन मनुष्य के समर्थन से अधिक महान है।

453. अनाथ, पतिहीन, अनाथ, गरीब, ये पृथ्वी पर भगवान के प्रतिनिधि हैं। आप उनके साथ कैसा व्यवहार करेंगे वह भगवान तक पहुंचेगा।

454. सब को दिखए देने के लिए भगवान कोई मनुष्य नहीं है।

455. मनुष्य कभी नहीं कर सकता वह - भगवान का निर्धारण

456. जो लोग भगवान से संबंधित होते हैं उनमें दिव्य गुण होते हैं।

457. एक धर्मात्मा पत्नी अपने पति के लिए वरदान होती है। एक धर्मात्मा पति अपने पत्नी के लिए वरदान होता है।

458. धन्य हैं वे जो दयनीय लोगों पर दया करते हैं, उन्हें भगवान की दया प्राप्त होगी।

459. गरीबों पर करुणा करने वालें धन्य हैं। वे भगवान कि करुणा की पात्र है।

460. भगवान से रचित - भूख

भूख के लिए मनुष्य से स्थापित - आहार।

461. कृतज्ञता भगवान को पसंद है।

462. जो लोग जन्मते और मरते हैं वे भगवान से बनाया हुआ मनुष्य, मनुष्य और जीवित प्राणियों हैं, भगवान ने नहीं।

463. एक आदमी भगवान को ठान ले है तो इसका मतलब वह भगवान से बढकर रहना चाहता है

464. भगवान के नजर में अनमोल लोगों को कोई भी मूल्य चुका नही सकते है।

465. भगवान को पूरी तरह से नहीं समझने वालों में अहनकार होता है।

466. भगवान, आत्मा, सृष्टि - ये सब मनुष्य से परिभाषित नहीं कर सकते है

467. दूसरों को हानी पहुंचेने वाले भगवान के दुश्मन होते है। उन्हें प्रतिफल हानी ही मिलता है।

468. भगवान से दूर रहने वाले अशुद्ध के निकट जाते है।

469. भगवान से दूर रहने वाले भगवान के प्रजा के लिए दुश्मन बन जाता है।

470. जो भगवान को पहचानता है उन्हें सारी दुनिया पहचानती है।

471. भगवान के बारे में बोलने वाले सारे लोग भगवान को जानने वाले नहीं होते।

472. हानी पहुंचने वालों को भलाई करने वालों को- भगवान का लोग होते है।

भलाई पहुंचने वालों को भलाई करने वालों को- मनुष्य होते है।

भलाई पहुंचने वालों को हानी पहुंचने वालों को- नीच लोग होते है।

473. सबसे बढकर अधिकार रखने वाला, शक्तिशाली - भगवान है।

आदमी

सत्य, प्रेम, विश्वास, ज्ञान, बुद्धिमत्ता

474. सत्य, प्रेम, विश्वास, ज्ञान, नैतिकता, यधार्थता, न्याय, धर्म ये सब तुम्हारे जीवन में प्राथमिकता का क्रम हैं।

475. जाति, मज़हब, प्राधिकरण, विध्या, बुद्धिमत्ता, धन इन सब से अधिक शक्तिशाली और ताकतवर - सत्य, प्रेम, विश्वास, ज्ञान।

476. यदि तुम में प्रेम, विश्वास और ज्ञान है तो क्षेत्र, जाति, मज़हब, प्राधिकरण, विध्या या इत्यादि से तुम्हें सम्मान या अपमान नहीं होगा।

477. प्रेम, दोस्ती, ईमानदारी, ज्ञान, सत्य ये सब बहुमूल्य है और पवित्र हैं और ये सब हर किसी से इसकी अपेक्षा नहीं की जानी चाहिए।

478. यदि तुम सत्य का पालन करते हो, तो आप स्वतंत्र, पवित्र और ईमानदारी बन सकते हैं बदल सकते हो, बदलोगे।

479. यदि तुम सत्य स्वीकार नहीं करोगे, तुम में आनन्द और विकास नहीं होगा।

480. विज्ञान और सत्य भिन्न है।

अनुभव और सत्य भिन्न है।

राय और सत्य भिन्न है।

481. अगर तुम सत्य के मार्ग चलोगे, हिम्मत तुम्हें अनुसरण करेगा, तुम्हें आगे बढने में सहाय करेगे।

482. सत्य जानने के लिए, ज्ञान जानने के लिए, और प्रेम पाने के लिए किसी योग्यता की आवश्यकता नहीं है।

483. सत्य जन्मतः से नहीं आता, न पता होता है। तुम किसी न किसी स्थिति में सत्य को जानना चाहिए।

484. जो तुमने सत्य से कमाया है वही तुम्हारी रक्षा करेगा। जो कुछ तुमने असत्य से कमाया है, उसकी तुम्हें रक्षा करनी चाहिए।

485. तुम अभिनय करके कमाने वाले चीजों को तुम अभिनय करके ही संभलना होगा।

486. तुम्हें संस्कार, विज्ञान और अनुशासन नहीं सीखाने वाला शिक्षा, कितना भी महान हो, व्यर्थ है।

487. शिक्षा तुम्हें भला आदमी बनाता है। ज्ञान तुम्हें महान बनाता है।

488. यदि आप ज्ञान कमाना करते हैं तो यह वही कमाना करेगा जो आप चाहते हैं।

489. तुम कितने ज्ञान कमाते हो तुम उतना बलवान हो जाओगे। तुम ज्ञान उपयोग करने के लिए कितना बुद्धिमत्ता उपयोग करते हो उतना शक्तिमान बनोगे।

490. ज्ञान तुम्हारी मार्ग को प्रकाशित करता है। वही तुम्हें मंजिल तक पहुंचाएगी।

491. तुम्हारी ज्ञान ही तुम्हारी जीवन ही प्रकाश है।

492. तुम्हें इस दुनिया की बातें समझने के लिए ज्ञान प्राप्त करना होगा। तुम्हारी बुद्धिमत्ता से दुनिया की बातें नहीं समझना चाहिए।

493. ज्ञान के बिना विज्ञान वर्थ है।

494. ज्ञान का मतलब तुम खुद के बारे जानना, खुद के लिए जानना।

विज्ञान का मतलब तुम दुनिया के बारे में जानना।

495. ज्ञान से खुशी, आनन्द मिलती है।

अज्ञान से दुःख और वेदना मिलती है।

496. तुम आगे न बढने का कारण दूसरों ही नही तुम्हारी अज्ञान भी है।

497. शारीरिक सुस्ती से स्वास्थ्य ख़राब होता है और विकास नहीं होता।

मानसिक आलस्य से कारण मानसिक सोच की कमी और ज्ञान की कमी होती है।

498. अगर तुम्हें कुछ अनावश्यक लगा तो इसका मतलब तुम्हें उसे उपयोग करने कि ज्ञान नहीं है।

499. विध्याहीनता से बढकर खतरनाक चीज- अज्ञान है।

500. अगर ज्ञान के लिए पूछा जाए तो ज्ञान मिलेगा।

अगर ज्ञान से पूछोगे तो ज्ञान उपलब्ध होगी।

501. सवाल करने में तरीकें है-

   1. अज्ञान से पूछना

   2. ज्ञान के लिए पूछना

   3. ज्ञान से पूछना

502. अज्ञानपूर्वक प्रश्न करने के प्रकार

   1. जानकर भी प्रश्न करना।

   2. परेशान करने के लिए प्रश्न करना।

   3. अनुकूल उत्तर पाने के लिए प्रश्न करना।

503. तुममें जो अज्ञान है वह दूसरों को कष्ट देता है।

504. बुद्धिमत्ता समस्या से बच जाती है।

बुद्धि समस्या को निकालता कर देती है।

505. जानना अलग है और समझना अलग है।

जानने के लिए बुद्धिमत्ता चाहिए।

समझने के लिए ज्ञान चाहिए।

506. बुद्धिमत्ता - अस्थायी है। ज्ञान - शाश्वत है

507. बुद्धिमत्ता दो प्रकार है -

　　1. ज्ञान के साथ बुद्धिमत्ता।

　　2. अज्ञान के साथ बुद्धिमत्ता।

508. तुम्हारे सामने वाले व्यक्ति के बुद्धिमत्ता तुम्हें कितना कम लगता हो तुममें बुद्धिमत्ता उतना कम हो जायेगी।

509. तुम्हारे अन्दर बुद्धि होना कोई बड़ी चीज़ नहीं है। वो तो पशु, पक्षी, किटाणु में भी होती है।

510. अगर एक व्यक्ति में सत्य, नैतिकता, ज्ञान, विश्वास -इन सबसे भरा नहीं होता तो उनके अन्दर असत्य, अनैतिक, अज्ञान, कमजोरी आक्रमण करता है।

-2-

आत्मा, दिल, मन, शरीर

511. आध्यात्मिकता से - आत्मा, सामाजिक रूप से - दिल

512. अगर तुम्हारे शरीर तंदुरुस्त रहना हो अच्छे खाना चाहिए।

513. अगर तुम्हारे दिल तंदुरुस्त रहना हो अच्छी आध्यात्मिकता की जरूरत है।

514. अगर तुम एक व्यक्ति से मुह से बात करोगे वह उसकी कान से सुनता है। दिल से बात करोगे तो दिल तक पहुंचेगा।

515. तुम्हारी बातों से तुम्हारी व्यक्तित्व पता चलता है।

तुम्हारी व्यवहार से तुम्हारी दिल पता चलता है।

516. तुम्हारी दिल के अनुसार तुम बना होते।

तुम्हारी व्यवहार के अनुसार तुम मिल जायेगा।

517. तुम्हारी दिल के लिए किताबें ताकत देती हैं।

518. अगर तुम कितने बढिया पुस्तक पढते हो तुम्हारे मन के लिए उतना ताकत मिलेगा।

519. जब तुम्हारा दिल आइना जैसे शुद्ध रहता हो तब तुम्हें सामने वाले का व्यक्तित्व साफ दिखायी देते है।

520. तुम हमेशा हालत के अनुसार निर्णय नहीं लेना चाहिए। तुम्हारे दिल जिसे सच कहता है उसीके अनुसार निर्णय लेना चाहिए।

521. दिल के घावों के लिए औषध - सान्त्वना है।

522. अकेलापन दो प्रकार होते है-

    1. शरीर को लगने वाला

    2. दिल को लगने वाला

523. तुम्हारे शरीर को आवश्यक खाना, नींद, सुख सीमित रहना चाहिए। तुम्हारे दिल को आवश्यक प्रेम, दोस्ती, स्वेच्छा, आनंद - इन सब के लिए सीमाओं को मिटा देना चाहिए।

524. तुम्हारे दिल तुम्हारे जात, मज़हब, क्षेत्र, धन, शिक्षा पर आधारित नहीं होना चाहिए। तुम्हारी आत्मासम्मान पर आधारित होना चाहिए।

525. तुम्हारे शरीर के लिए एक काम, तुम्हारी दिल के लिए एक खेल, कला या सेवा कार्यक्रम की जरूरत है।

526. तुम्हारे शरीर को जो नजर है उसका अनुभव करता है।

तुम्हारे दिल को जो नजर नहीं आने है अनुभव करता है।

527. आप अपने बच्चों के दिलों को आज़ादी देनी चाहिए, लेकिन उनके शरीर को नहीं।

528. तुम्हारे शरीर में किसी तरह के रिवाज, परंपराएँ हो सकता है मगर दिल में इंसानियत होनी चाहिए।

529. व्यक्तित्व मन के अनुसार नही होता, दिल के अनुसार होता है।

530. जिन के पास दिल नहीं है उनके पास व्यक्तित्व नहीं होता।

531. सब्र शारीरिक संबंधित है।, सहनशीलता दिल संबंधित है।

532. विवाह करने से, शारीरिक वेश्या बनने से स्त्री-पुरुष की पवित्रता नष्ट नहीं होती। विश्वासघात और ग़लत विचारों से करने वाले काम से ही हो जाती है।

533. पवित्रता शरीर से संबंधित नहीं है, पवित्रता दिल से संबंधित है।

534. मन जानवरों में भी होती है।

535. मन सब में होती है। दिल कुछी लोगों में होती है।

536. तुम्हारी मन सब चाहती है। तुम्हारा दिल वहीं चाहती है जिसकी तुम्हें आवश्यकता होती है।

537. तुम्हारी मन सब सोचती है आवश्यक चीज, बेकार चीज, अच्छी, बुरी सब कुछ। तुम्हारा दिल वहीं सोचती जो तुम्हें आवश्यक हो और उसे अमल करती है।

538. मन सब में होती है। दिल उन लोगों में होती है जिन लोगों में व्यक्तित्व होती है।

539. तुम्हारे मन में जितने भी बुरे विचार आए वे तुम्हारे दिल तक नहीं पहुंचने चाहिए।

540. गुस्सा मन को आना चाहिए दिल को नहीं।

541. तुम्हें शारीरिक बुरी आदतें तुम्हारे शरीर को नाश करता या नहीं पता नहीं लेकिन तुम्हारी मानसिक बुरी आदतें जरूर तुम्हारी जीवन को नाश करता है।

542. तुम्हारी शारीरिक बुरी आदतें - जरूरते से ज्यादा खाना, जरूरते से ज्यादा पीना, जरूरते से ज्यादा नींद।

543. व्यभिचार दो प्रकार होते है -

    1. मानसिक व्यभिचार

    2. शारीरिक व्यभिचार

544. शारीरिक व्यभिचार - एक शरीर एक से अधिक लोगों से संबंधित होना।

545. मानसिक व्यभिचार -

    1. जरूरतें के लिए आत्मा सम्मान खो देना।

    2. एक ही चीज को तारीफ और निन्दा करना।

    3. विचारें एक तरफ हो तो शब्द दूसरे तरफ होते है।

546. जो लोग शारीरिक व्यभिचार करते हैं सायद वे मानसिक व्यभिचार नहीं कर सकते।

547. जो लोग मानसिक व्यभिचार करते हैं सायद वे शारीरिक व्यभिचार नहीं कर सकते।

548. वेशधारण दो प्रकार के होता है -

    1. शारीरिक वेशधारण

    2. मानसिक वेशधारण

549. शारीरिक वेशधारण -

    1. शरीर पे दिखने वाले वेशधारण

    2. शारीरिक व्यवहार

550. मानसिक वेशधारण -

    1. विचारें, शब्द में अन्तर होना।

    2. वास्तव में अच्छा रहने के बिना भी अच्छा वाला जैसा दिखने का प्रयास करना।

551. दुसरों को समझने के लिए उनके हालत को समझना चाहिए।

दुसरों के हालत को समझने के लिए मानसिक क्षमता चाहिए।

मानसिक क्षमता के लिए मानसिक रूप से स्वास्थ्य रहना चाहिए।

552. मानसिक रूप से तन्दुरुस्त रहने के लिए मानसिक विकलांगता, मानसिक बीमारियां, मानसिक व्यसन नहीं होना चाहिए।

553. मानसिक रूप से कमज़ोर लोग दूसरों को समझ नहीं पाते है।

554. मानसिक कमज़ोरी के कारण -

    1. मानसिक विकलांगता

    2. मानसिक बीमारियां

    3. मानसिक व्यसन

555. मानसिक विकलांगता-

    1. दूसरों पर निर्भर करने का विचार

    2. सहनशीलता करने कि कमी

    3. आलसी, कायरता

    4. मूर्खता, गुलामी

556. मानसिक रोगों

    1. घृणा, ईर्ष्या, अभिनय, स्वार्थ

    2. अनैतिक, लालची, लोभ, पक्षपात

    3. खुद को धोखा देना और दूसरों को धोखा देना

    4. झूठ बोलना, विश्वासघात, कपट

557. मानसिक व्यसन-

    1. जाति, मज़हब, दौड़, क्षेत्रीय भेद

    2. धन और वर्ग भेद.

558. मानसिक ताकत देने वाले-

    1. सहनशीलता, दृढ़, अनुशासन

    2. सोच, बुद्धीमता

    3. निष्पक्षता, हिम्मत, यधार्थता

    4. सच, भरोसा, कृतज्ञता

    5. खुशी, क्षमा, दया।

559. आत्मबल देने वाले - सत्य, प्रेम, ज्ञान, नैतिकता, विशवास, करुणा

जीवन

560. तुम्हें पता होना चाहिए कि तुम क्यों जी रहे हो।

561. अगर तुम्हें अपनी जीवन खूबसूरत और आनंद रहना चाहते हो तो तुम्हें पसंदीदा काम करना चाहिए। या तुम से करने वाला काम ईमानदारी होना चाहिए।

562. यदि आप अपने जीवन को पसंद करना चाहते हैं, तो आपको स्वयं को पसंद करना होगा।

563. अगर तुम्हारा जीवन हमेशा नया रहना चाहते तो तुम्हें हमेशा कुछ नया सीखना

564. यदि हिम्मत आपके जीवन को आगे नहीं ले जाता, तो कायरता पीछे की ओर ले जायेगी।

565. अगर तुम किसी न किसी दिन मर जाओगे का सच्चाई का एहसास करोगे तब तुम्हारे जीवन में आनंद, शुरू होती हैं।

566. अगर तुम्हें कभी भी मर जाने का सोच नहीं आया हो वह जीवन सच्ची जीवन नहीं है

567. तुम्हारे जीवन सिर्फ तुम्हारे लिए ही नहीं तुम पर विश्वास करने वालों और तुम पर आधारित लोगों के लिए भी है।

568. तुम्हारे जीवन में होने वाले सब कुछ, अच्छा या बुरा, सिर्फ तुम्हारे लिए नहीं है।

569. दूसरे जीवराशियों को हानि न पहुंचाकर तुम अपनी तरह से जीना ही तुम्हारा जीवन का कर्तव्य है।

570. आपके जीवन के लिए दो शब्द:-

    1. वह काम न करें जिसके लिए झूठ बोलना पड़े।

    2. यह जानते हुए भी कोई काम न करें कि यह गलत है।

571. तुम्हें सोच करने कि प्रक्रिया महान होना चाहिए।

तुम्हारी जीवन शैली आसान होनी चाहिए।

572. जब तक तुम खुद को धोखा दे रहे हो, खुद को और तुम अपनी जीवन को खोते रहते हो।

573. अगर तुम खुद को धोखा देते हो तो तुम्हारे जीवन भी तुम्हें धोखा देता है।

574. अगर तुम में धोखा देने का गुण है तो वह तुम्हें खुद को खो देता है।

575. खुद को धोखा देने से दूसरों को धोखा नहीं मिलता।

576. अगर तुम खुद को धोखा देने वालों हो, तो तुम अपने जीवन के शत्रु हो और तुम अपने लोगों पर बोझ बनोगे

577. अगर तुम खुद को धोखा देते रहते हो तो तुम्हारे लिए वह नुक्सान होगा, दूसरों के लिए नहीं।

578. अगर तुम स्वेच्छा से इनसान कि तरह जीना चाहते हो, तो तुम किसी जात, किसी मज़हब, किसी क्षेत्र से संबंधित आदमी जैसा नही रहना चाहिए।

579. तुम जीने के लिए, तुम्हारे काम करने के लिए खाना चाहिए नकि खाने के लिए जीना चाहिए।

580. तुम कितने अच्छी तरह जीवन जीते हो इसके अनुसार तुम्हें महानता नहीं मिलती है। तुम कितने लोगों को भलाई किया इसके अनुसार तुम्हें महानता मिलती है।

581. तुम किसको कहां पैदा होना चाहिए ये सब तुम्हारे हाथ में नहीं है। मगर तुम कैसे जीवन चाहते हो वैसे जीना तुम्हारे हाथ में है।

582. तुम्हारे जीवन मूल्यों पर आधारित होना चाहिए, मानकों पर नहीं।

583. तुम्हारे लक्ष्य से ज्यादा तुम्हारे जीवन अमूल्य है।

584. तुम्हारे कामों में ईमानदारी नहीं है तो तुम्हारे जीवन में विकास नहीं होती।

585. फटे हुए कपड़ों में तुम्हारे शरीर कैसे दिखता है वैसे ही अंधविश्वास से कारण तुम्हारे जीवन दिखाए देता है।

586. अगर तुम अपनी आत्मा को पहचान सकते हो तो वह तुम्हें तुम्हारी जीवन देती है।

587. यदि आपका जीवन आपके उपयोगी नहीं आये तो इसे दूसरों के लिए उपयोग करें। ऐसा कोई जीवन नहीं है जो दूसरों के उपयोग न आये।

588. आप केवल एक बार जीते हैं, यह आपकी पसंद के अनुसार होना चाहिए। अन्यथा तो आप इसे बदल देना चाहिए

589. अपने हृदय को शुद्ध रखने का अर्थ है तो इसका मतलब बुरे विचारों को हृदय में जगह न देना इसके अलावा, यदि आप अच्छा जीवन जीने हैं, तो इसका मतलब आप उन चीजों को जगह नहीं देते हैं जो आपको नुकसान पहुंचाती हैं, चाहे वे चीजें हों या लोग।

590. तुम्हें कुछ भी केवल सोचना नहीं चाहिए, बल्कि इसका पालन करके और अनुभव करके जीना चाहिए।

591. अगर तुम तुम्हारे जीवन में तुम्हारी सब कुछ खो बैठे हो तो इसका मतलब है तुम उससे भी मूल्यवान चीज हासिल किया हो, चाहे वो आध्यात्मिक हो, मानसिक हो या शारीरिक हो।

592. तुम्हारे जीवन अपने आप नहीं बदलता, आपको अपना जीवन स्वयं बदलना चाहिए।

593. आपका जीवन आपके द्वारा तराशते गई मूर्ति की तरह है। यह आपको दिखाता है कि आपने इसे कितना बदल दिया है। लेकिन यह अपने आप नहीं बदलता।

594. तुम्हारे जीवन कब बदलेगा इसके बारे में मत सोचो, तुम्हारे जीवन बदलने के लिए इस दिन से क्या करना होगा, इसके बारे में सोचो और अभ्यास करो।

595. जैसे अकेलापन में तुम्हारे विचार, काम होता है वैसे ही तुम्हारे जीवन होता है।

596. आलसी के वजह से आने वाले कठिनाईयां तुम्हारे जीवन को गवा देता है।

मेहनत के वजह से आने वाले कठिनाईयां वे आपको जीवन में आगे बढ़ाते हैं।

597. तुम्हारे विकास को, उन्नती को कोई दूसरे लोग रोक नहीं सकते हैं। तुम्हारे अन्दर कायरता, आलसी, खुद को धोखा देना जैसे गुण ही रोक सकते हैं।

598. जिन्दगी में तुम खुद खुश रहना ही नहीं है और केवल दूसरों को खुश रखना ही नहीं है। जीवन में तुम खुश रह कर दूसरों को खुश रखना है।

599. तुम्हारे जीवन के खिलाफ कोई आदमी या कोई चीज तुम्हारे जिन्दगी में बनाया हो तो तुम उसे बदल सकते हो, क्यों कि तुम एक मनुष्य हो।

600. तुम्हारे जिन्दगी में कुछ लोग तुमसे प्रेम करने के लिए, कुछ लोग घृणा करने के लिए, कुछ लोग मदद करने के लिए, कुछ लोग मदद लेने के लिए, कुछ लोग सीखने के लिए, कुछ लोग सिखाने के लिए, कुछ लोग समर्थन करने के लिए, कुछ लोग धोखा देने के लिए मिलेंगे। सबसे सब कुछ अपेक्षा मत करो।

601. तुम जिससे डरते हो वह तुम्हारे जीवन पर प्रभावित पडता है।

602. यदि आप पौधे उगाते हैं, तो यह आपको फल देता है। यदि आपके माता-पिता आपका पालन- पोषण करते हैं, तो आपको उनकी देखभाल करनी होगी। आपका जीवन फल देने वाले पौधे की तरह होना चाहिए।

603. आप जिसे सबसे अधिक महत्व देते हैं वही आपके जीवन को संचालित करता है।

604. यदि आप सौ वर्ष तक जीवित रहते हैं, तो इसका मतलब है कि आपने पूर्ण जीवित जीया। यदि आप एक इंसान की तरह रहते हैं, तो इसका मतलब है कि आपने संपूर्ण जिया जाता है

605. आपको बचपन में माँ के शब्दों पर, बढ़ती उम्र में पिता के शब्दों पर, यव्वन उम्र में पैगम्बरों के शब्दों पर और मध्य आयु में खुद पर विश्वास करके अपना जीवन जीना चाहिए।

606. तुझे जीवन देने वालों को धोखा देने से तुम्हें जिन्दगी नहीं होती। चाहे वो भगवान हो, माता- पिता हो, दूसरे कोई भी हो, आखिर तुम खुद भी।

607. तुम्हें ख़ुशी और आराम होने का मतलब यह नहीं है कि आपके पास जीवन और भविष्य है।

608. अगर तुम नैतिक जीवन जीते हो तो तुम्हें अपने आप पसंद आतो हो।

609. जितने ईमानदारी से तुम जीयोगे तुम्हें खुद पर उतना चाहत आयेगा।

4

तत्त्वज्ञान, व्यक्तित्व, आदतें, गुण, विशेषताएँ

610. तत्त्वज्ञान का अर्थ है जो क्या समझा है, क्या सीखा है और क्या उपयोग कर रहे है।

611. आप क्या जानते हो। क्या सीखे हो, क्या उपयोग किए हो वही तुम्हारा तत्त्वज्ञान है, दूसरों को समझ आने वाले तुम्हारा व्यक्तित्व है।

612. किसी व्यक्ति का तत्त्वज्ञान ही उसका व्यक्तित्व है। जिस व्यक्ति का कोई तत्त्वज्ञान नहीं होता वह लोग जो कौन व्यक्तित्व नहीं है

613. मनुष्य तत्त्वज्ञान को इंसानियत कहा जाता है।

भगवान तत्त्वज्ञान को दैवत्व कहा जाता है।

राक्षस तत्त्वज्ञान को राक्षसत्व कहा जाता है।

614. दैवत्व- सत्य, प्रेम, ज्ञान, विश्वास, पवित्रता, आत्मा, नैतिक, करुणा, त्याग, सहनशीलता, आनंद, असाधारण, समर्थन, साहस, अनुग्रह, दान, अद्भुत चीज़ें, स्थिरता, अदृश्य शक्तियों से संबंध, शाश्वत जीवन, आश्चर्य कार्य, विजय, महिमा, असंभवताएं, अमरता, अच्छा स्वभाव, रोष, पराक्रम, मेहनत, सतीत्व, शान्ती, उत्तर, क्षमा - इन्हीं से उत्पन्न होते हैं।

615. इंसानियत - अनुशासन, कठिनता, यथार्थता, नैतिक, प्रेम, रिश्तें, दया, सहानुभूती, मदद करना, ज्ञान, बुद्धी, भरोसा, कृतज्ञता, बर्ताव, दान, धर्म, न्याय, सुधारात्मक व्यवहार, हिम्मत, खुशी, आनंद, डर, जिम्मेदारी, सब्र, कला, अटलता, परिवर्तन, स्वच्छता, स्वतंत्रता, अंतरात्मा, दिल- इन्हीं से उत्पन्न होते हैं।

616. राक्षसत्व - अपनी जरूरतों, स्वार्थ के लिए दूसरों का बलिदान देना, क्रूरता, अनैतिक, अन्याय, षड्यंत्र, धोखा, लूटपाट, दुष्टता, बुरे काम, बुरी आत्मा, स्वधर्म, अराजकता, लालच, अप्रियता, अवैधता, घृणा, अनैतिक, पाखंड, निन्दा, हवस, मनमौजी, आज्ञा का उल्लंघन, कृतघ्न, मूर्खता, दूसरों के श्रम, कठिनाइयों, कष्ट का खुशी लेना- ये सब होती है।

617. जिनके पास मानवता नहीं है, जिनके पास राक्षसत्व है उन्हें पशुओं से, जानवरों से तुलना मत करना। क्यों कि वे उनसे कई बातें सीखना है।

618. जिनके पास व्यक्तित्व है वे अवैयक्तिक लोग को समझते हैं। अवैयक्तिक लोग व्यक्तित्व लोगों को पसंद नहीं करते हैं।

619. अगर तुम दूसरों को मदद करना चाहते हो तो तुममें मानवता होनी चाहिए।

620. सात्विक का मतलब अच्छी भाव है।

621. अगर तुममें मानवता नहीं है तो तुम ईनसान नही हो सकते।

622. तुम अपनी जीवन शैली बढाने के लिए मानवता को कम मत करना है।

623. अवैयक्तिक लोग से कीमत, मूल्यों का अपेक्षा मत करना।

624. मूर्खता दो प्रकार के होते है -

    1. जो बीत गया उसकी चिंता करना

    2. जो पाना है उसे खोना

625. व्यक्तित्व को जानने के लिए एक मार्ग - नैतिकता जानना

सात्विक रखने के लिए मार्ग- नैतिकता आचरण करना

626. व्यक्तित्व व्यक्ति के तत्त्वज्ञान पर निर्भर करता है।

व्यवहार व्यक्ति की परिस्थितियों पर निर्भर करता है।

627. व्यक्तित्व अलग है, आदतें अलग हैं।

व्यक्तित्व इनसान कि जिन्दगी को निर्णय करता है।

आदतें पसंद को सूचित करता है।

628. व्यक्तित्व आदतों पर निर्भर नहीं करता।

आदतें व्यक्तित्व पर निर्भर नहीं होतीं।

629. एक अच्छी आदत दूसरे बुरे आदत को दूर करता है।

630. गुण, लक्षण अलग हैं आदतें अलग हैं।

631. एक व्यक्ति में अच्छे गुण, लक्षण और बुरी आदतें हो सकती हैं।

एक व्यक्ति में बुरे गुण, लक्षण और अच्छी आदतें हो सकती हैं।

एक व्यक्ति में बुरे गुण, लक्षण और बुरी आदतें हो सकती हैं।

एक व्यक्ति में अच्छे गुण, लक्षण और अच्छी आदतें हो सकती हैं।

632. गुण:- सत्य, प्रेम, श्रम, करुणा, सात्विकता, पवित्रता, नैतिकता, त्याग, क्षमा, कृतज्ञता

633. लक्षण:- अच्छाई, बुराई, घृणा, गुस्सा, नियंत्रण, दया, हिम्मत, ध्यान केंद्रित करना, यथार्थता।

634. गुण शाश्वत होते है, लक्षण हालत के अनुसार होते थे।

635. जब तक तुममें दया गुण है तुम्हें फायदा ही होती है।

636. इनसान कि सच्चा आभूषण- प्रेम, सतीत्व, सात्विकता, दया, करुणा।

637. अगर तुममें सतीत्व, स्वाभीमान नहीं है तो जितने आभूषण पहन के भी वह व्यर्थ है।

638. स्त्री-पुरुष के सतीत्व खोने का कारण - लालच, असंतोष

639. अगर तुममें झूठ के लक्षण है वह तुम्हारी हिम्मत को नाश कर देता है।

640. तुम्हारी गुण तुम्हारे आंखें में नजर आता है।

641. आपके विचारों का अर्थ आपकी आँखों में देखा जा सकता है।

642. अगर तुममें सत्य का गुण है तो मानो तुम बाहर भी स्वतंत्र हो।

5

विश्वास, भरोसा, कपट

643. भरोसा अनित्य है, विश्वास नित्य है।

644. जब तुम्हें यह विश्वास हो जाए कि तुम यह काम कर सकते हो तभी तुम्हें काम शुरू करना चाहिए।

645. इस दुनिया में अगर आप किसी असंभव काम को विश्वास से पूरा कर लेते हैं तो आप विश्वास करनेवाला बन जाते हैं।

646. विश्वास से आज्ञाकारिता आता है।

647. अगर तुम विश्वास हासिल कर सकते हो तो तुमें साहस होगा।

648. दुनिया में सबसे कीमती चीज़ आत्मविश्वास और साहस है। यदि आपको उनकी आवश्यकता है, तो आप उन्हें प्राप्त कर सकते हैं।

649. एक जीवित पेड़ काट देने पर भी वह कोमल कली के साथ फीर से बढ़ता हो जाता है। यदि तुम्हारे पास विश्वास है तो तुम सब कुछ खो गया बावजूद सब कुछ वापस पा सकते हो।

650. महान कार्य आत्मा से उत्पन्न विश्वास से संभव होते हैं।

651. तुम्हारी सुन्दरता से तुम्हें खुद पे आत्मविश्वास नहीं मिल सकता है। तुम्हारी आत्मविश्वास से ही तुम्हारी सुन्दरता बाहर दिखाई देता है।

652. विश्वास से आने वाला हिम्मत - शाश्वत है।

हालत से आने वाला हिम्मत - सीमित है।

653. निराश के बाद विश्वास आता है।

654. अभ्यास के बिना विश्वास सोए हुए शरीर के समान है। अभ्यास के बिना आस्था वहनीयता नहीं है।

655. विश्वास से अनेक प्रकार कि श्रम, मुसीबतें, दुर्घटनाएं, कठिनाईयां, अपमान, निंदा, हालतें काबू करने कि शक्ति देती है।

656. डर से अवसाद उत्पन्न होता है।

657. बिना विश्वास के दिल में अवसाद रहता है।

658. हालतों को काबू करने के लिए आत्मविश्वास होनी चाहिए।

659. विश्वास से ताकत, शक्ति, हिम्मत, सहनशीलता, ईमानदारी मिलती है।

660. किसी के द्वारा तुम धोखा देना सामान्य बात है।

आपके लिए किसी को धोखा देना बहुत आसान है।

कोई भी तुम्हें भरोसा दिलाना बहुत कठिन है।

कोई भी तुम्हें भरोसा करना अच्छी बात है।

कोई भी तुम्हें विश्वास करना बहुत महान बात है।

661. केवल मैं ही हासिल कर सकता हूँ - अहंकार।

मैंने हासिल किया - बताना, पहचान।

मैं भी हासिल कर सकता हूं- भरोसा।

मैं हासिल करूंगा - विश्वास।

662. जो दिखता है उस पर होने वाला - भरोसा है।

जो दिखता नहीं है उस पर होने वाला - विश्वास है।

663. जो देने जा रहा है उन पर होने वाला - विश्वास है।

जो दिया है उन पर होने वाला - कृतज्ञता है।

664. भरोसे पर अपेक्षाएं होती हैं।

विश्वास पर अपेक्षाएं नहीं होती हैं।

665. भरोसा इंद्रियों से होती हैं, विश्वास आत्मा से होती हैं।

666. भरोसा सब को होती है, विश्वास कुछी लोग ही होती है।

667. जो तुम भरोसे से करते हो वह हो सकता है, हो भी नहीं सकता है। यदि वे होते भी हैं तो उनकी महिमा नहीं होती है। मगर विश्वास से जो किया जाता है वह अवश्य पूरा होता है। और वे वैभव, यश दिलाता है।

668. जब भरोसा खो जाता है तो उसे वापस पाने के लिए मार्ग - क्षमा, मन का परिवर्तन,

669. लोगों पर इस बात पर भरोसा नहीं करना चाहिए कि वे क्या कहते हैं, बल्कि इस पर भरोसा करना चाहिए कि वे क्या करते हैं।

670. यदि तुम एक बार झूठ बोलते हो, तो तुम पर शक किया जाएगा। यदि तुम बार, बार झूठ बोलते हो, तो तुम पर अविश्वास किया जाएगा।

671. किसी व्यक्ति पर उतना ही सौंपें जितना तुम उस पर भरोसा करते हो। उससे उतनी ही अपेक्षा करें।

672. सबसे प्रेम करो, मगर सबसे अपेक्षा करें और सब पर भरोसा न करें।

673. जिम्मेदारी और विश्वास के बिना कोई रिश्ता टिक नहीं सकता।

674. भरोसा करने वाले को सौ बता सकते हैं। अविश्वासी को दूसरी बात नहीं कहना चाहिए

675. यदि तुम्हारे पास एक भी ऐसा व्यक्ति नहीं है जो तुम पर भरोसा करता हो, तो तुम एक मूल्यहीन व्यक्ति हैं।

676. अगर तुम्हें कम से कम एक व्यक्ति भरोसा करना चाहे तो, इसके लिए तुम कम से कम एक व्यक्ति को धोखा नहीं देना चाहिए।

677. यदि आप किसी को धोखा देते हैं तो यह धोखा है। यदि आप किसी ऐसे व्यक्ति को धोखा देते हैं जो आप पर विश्वास करता है तो यह विश्वासघात है।

678. तुम भरोसा खो जाने का कारण-

1. तुम दूसरों को कम आकलन के कारण
2. तुम्हारी लालची के कारण
3. तुममें सब्र की कमी के कारण

679. तुम्हें धोखा देने वाले-

1. तुम्हें ज्यादा महत्व देते हैं।
2. तुम्हें तुम्हारी चीजों को चापलूसी करते हैं।
3. ज्यादा भलाई, तुरंत भलाई दिखाते हैं।
4. तुम्हें जानने भिना तुम्हें पसंद करते हैं।
5. तुम्हारे सामने परोक्ष रूप से वे खुद को महान रूप में प्रस्तुत करते हैं।
6. तुम्हारी ज़रूरत की हर चीज़ उनके पास ज्यादा परिमाण होने का दर्शित करते हैं।
7. वे ऐसे व्यवहार करते हैं जैसे उन्हें अनैतिक पसंद नहीं है।
8. तुम्हारी ताकत, कमज़ोरी जानते है।

680. खुद को धोख़ा देने वाले किसी को भी धोखा दे सकते हैं।

681. किरा एक इनरान खुद को धोख़ा देने के बाद ही दूसरों को धोखा देता है।

682. सब कुछ भरोसा करने वाले कई बार धोखा खाने के बाद किसी न किसी दिन बढिया चीज़ पर भरोसा करते है, उसे पाते हैं। जो लोग किसी भी चीज़ पर विश्वास नहीं करते है और धोखा नहीं खाना चाहते हैं, वे दुर्लभ से मिलने वाली बढिया चीज़ों भी हार जायेंगे।

6

नैतिकता, यधार्थता

683. आपके विचार कैसे भी हों, आपका व्यवहार ईमानदारी और यधार्थता होना चाहिए।

684. अगर तुम ईमानदारी इनसान हो, तो जो तुम्हारे साथ भलाई करेंगे उन्हें भलाई मिलेगी, जो बुराई करते हैं उन्हें बुराई मिलेगी।

685. अवसर मिलने पर भी गलत काम न करना- ईमानदारी जीवन है

686. यदि तुम ईमानदारी इनसान हो, तो तुझे हानि पहुँचाने वाले लज्जित होंगे। जो लोग तुमको अपमान करेंगे वे अपमानित होंगे।

687. अगर आपमें ईमानदारी नहीं है तो आप किसी भी रिश्ते के साथ न्याय नहीं कर सकते

688. यदि तुम ईमानदारी इनसान हो, तो तुम विश्वास से जियेंगे।

689. ईमानदारी से गुस्सा अच्छा है।

690. अनैतिक शब्दों का अर्थ तो हो सकता है लेकिन कोई मूल्य नहीं होता।

691. जिस प्रयास में ईमानदारी नहीं है उसे सफलता मिल भी सकती है और नहीं भी।

692. ईमानदारी से हिम्मत और विश्वास आता है।

पाप से कायरता और डर होता है।

693. ईमानदारी ताकत और सफलता देता है।

पाप कमज़ोरी और विफलता देता है।

694. ईमानदारी नैतिकता का माप है।

695. भ्रष्टाचार लोगों से और ईमानदारी नहीं से किये जाने वाले प्रयास से पूर्ण परिणाम की आशा न करें।

696. किसी भी है, किसी भी नहीं है एक समान होना यधार्थता है। चाहे वे लोग हों, चीज़ें हों, ज़रूरतें हों, अधिकार हों या धन हों।

697. यदि आप यधार्थता से रहते हैं, तो आप वह हारजायेंगे जिसकी आपको आवश्यकता नहीं है।

698. यदि आप अभिनय से जीते रहेंगे तो आप वह हारजायेंगे जिसकी आपको आवश्यकता है।

प्रेम, घृणा, पसंद, नापसंद

699. तुम्हें प्रेम करने वाले-

1. तुम्हारी दोष, गलतियां और कमज़ोरियों को माफ करते हैं।

2. वे तुम्हें आज़ादी देंगे और तुम्हारे साथ उनके जैसा ही व्यवहार करते हैं।

3. तुम्हारी गलतियां तुम्हें बताते हैं, निकालाने कि कोशिश करते है।

4. तुम्हारी भलाई के लिए तुम्हें दंड देने कि, कष्ट दिलाने के लिए तैयार होते हैं।

5. तुम को सेवा करते हैं, तुम्हें आनंद और खुशी से रखने कि कोशिश करते हैं।

6. तुम्हारे ख़ातिर कठिनाईयां, श्रम अनुभव के लिए तैयार रहते हैं।

7. तुम्हारे ख़ातिर वे अपने सब्र, समय, धन, चीजें देने के लिए तैयार होते है।

8. वे आपको मजबूत और शक्तिशाली बनाने की कोशिश करते हैं

9. यदि यह आवश्यक हो, यदि यह उचित हो, तो वे अपनी जान देने को भी तैयार हो जाते हैं।

700. तुम्हें घृणा करने वाले -

1. तुम्हारी दोष, गलतियां, तुम्हारी कमज़ोरियों के अनुसार मज़ाक करते हैं, निन्दा करते है।

2. वे आपकी भूलों, ग़लतियों और कमज़ोरियों के बारे में सबको बताएंगे।

3. तुम्हारी ताकत, सुविधायें, धन, समय, शक्ति को नुक़सान करने का प्रयत्न करते है।

4. तुम्हें कठिनाईयां, मुसीबतें, हानी, बुराईयां पहुंचाने के प्रयत्न करते है।

5. तुम्हें चापलूसी करते है, प्रेम करने कि नाटक करते हैं, भलाई करने कि नाटक करते हैं।

6. तुम को मदद करने या तुम से मदद मांगने जैसा नाटक करते हैं।

7. तुम्हारे ख़ातिर अपने समय, धन, चीजें देने के लिए तैयार नहीं रहते हैं।

8. तुम्हें निंदा करते है, तुम पर साजिश, कपट करते है।

9. तुम्हारी जान लेने के लिए तैयार रहते हैं।

701. मनुष्य के जिन्दगी में होने वाले हर एक कारवाई के दो कारण होते हैं - प्रेम, घृणा।

702. जब आप कमजोर और सबसे खराब स्थिति में होंगे तो आप पूरी तरह से प्यार या घृणा का अनुभव करेंगे।

703. प्रेम से रहने वाले व्यक्ति अपनी परिवार को, अपनी शहर को, अपनी जात को, अपनी राष्ट्र को, अपनी देश को प्रेम करता है। अपनी क्षमता के अनुसार अच्छा करता है।

704. घृणा से रहने वाले व्यक्ति दूसरे देशों को। दूसरे राष्ट्रों को, दूसरे मज़हब को, दूसरे जात को, दूसरे प्रान्त में रहने वालों को, आख़िर अपनी परिवार के दूसरें संमबंधित लोगों को भी घृणा करता है। अपनी क्षमता के अनुसार बुराई करता है।

705. जो लोग प्यार और प्रतिशोध को नियंत्रित कर सकते हैं वे किसी भी चीज़ को नियंत्रित कर सकते हैं।

706. प्रेम बांटने वाले किसी प्रकार के कारण नहीं देखते है। घृणा प्रयोग करने वाले कारण देखते रहते हैं।

707. प्रेम, सत्य, ईमानदारी ऊंचा चीज़ें है, ये व्यक्ति को ऊंचा दर्जा दिलाते हैं।

708. एक व्यक्ति में अच्छाई और बुराई होते है। पसंद और नापसंद भी होते हैं। मगर एक ही व्यक्ति में प्रेम और घृणा दोनों नहीं रहते हैं।

709. हर एक व्यक्ति में पसंद होती है मगर प्रेम नहीं रहते है।

710. हर एक व्यक्ति में गुस्सा होती है मगर घृणा नहीं होता है।

711. तुम कितने भी महान हो सकते हो, लेकिन अगर कोई आपको पसंद नहीं करता, तो वह आपको मूल्य नहीं देगा।

712. तुम्हें खुद को पसंद नही मगर दूसरों को पसंद आ रहे हो का मतलब तुम नाटक कर रहे हो।

713. अगर तुम्हें कुछ पसंद नहीं आए तो तुम पसंद नहीं है बोलो, अच्छा नहीं मत बोलना। उसे कोई और अच्छा बोल सकते है।

714. पसंद करना, इच्छा व्यक्त करना, चाहना, पाना ये सब तुम कुछ पाने में चरण हैं।

715. कितनी भी कीमती हो, अगर तुम्हें पसंद नहीं है तो तुम उसे कैसे देखते हो वैसे ही तुम कितने भी महान हो अगर तुम किसी को पसंद नहीं आये तो वे भी तुम्हें वैसे ही देखेंगें।

-8-

आशा, निराशा

716. योग्य हो या नहीं हो आशा होता है

जो योग्य है उस पर इच्छा होता है।

717. तुम्हारी अवश्यकताओं को कोई भी पूरी कर सकते हैं, लेकिन तुम्हारी आशा पूरी नही कर सकते है।

718. मौका देखकर आशा नहीं करना चाहिए, आशा के अनुसार मौका ढूंढना चाहिए। तभी तुम्हारी काम सफल होगा।

719. निराश में तुम्हारी ताकत और कमज़ोरी समझ आती है।

720. निराश नई आशा की बुनियाद है।

721. जब तुम निराश में होते हो तभी तुम्हें खुद के बारे में समझ आती है।

722. मेरी ताकत का अनुसार बेहतर बनूं चाहिए - आशा, यह बिल्कुल रहना चाहिए।

मैं सब से बेहतर होना चाहिए - लालची, यह नहीं रहना चाहिए।

सिर्फ मैं बेहतर होना चाहिए - अति लोभ, यह हानिकारक है।

लक्ष्य, महत्वाकांक्षा, मंज़िल

723. अंधेरा कमरा के लिए दीप कैसा हो वैसा ही मंज़िल के बिना जीवन के लिए लक्ष्य है।

724. जब आप सो रहे होते हैं तो आपको पता नहीं चलता कि आपके आसपास क्या हो रहा है। जब आपके पास कोई लक्ष्य या कोई काम नहीं होता, तो आप नहीं जानते कि आपके जीवन में क्या होता है।

725. तुम्हारी लक्ष्य ही तुम्हारी जीवन के लिए प्रकाश है, तुम्हारी अभ्यास ही उसका मार्ग है।

726. तुम्हारी लक्ष्य ही तुम्हारी दुनिया है, तुम्हारी साम्राज्य है, तुम्हारी लक्ष्य के लिए आवश्यक अभ्यास ही तुम्हें करने वाला युद्ध है।

727. तुम्हारी लक्ष्य के अनुसार तुम्हारी मूल्य, तुम्हारी अभ्यास के अनुसार तुम्हारी वैभव मिलती है।

728. तुम्हारी लक्ष्य से तुम्हारी जीवन अधिक मूल्यवान है।

729. आपके लक्ष्य का मूल्य जितना अधिक होगा, आपका विरोध करने वालों का मूल्य उतना ही कम होगा।

730. बिना लक्ष्य के जीने वालों को, कुछ नया नहीं सीखने वालों को, बदलाव नहीं सकते वालों को जीवन यानत्रिक लगता है।

731. लक्ष्य तुम्हारे लिए बनाया गया है। महत्वाकांक्षा दूसरों के लिए बनाई जाती है।

732. आपकी लक्ष्य दूसरों से ज़्यादा आपके के लिए उपयोग होता है।

733. आपकी महत्वाकांक्षा आपसे ज्यादा दूसरों के लिए उपयोगी है।

734. यदि आपकी कोई महत्वाकांक्षा है, तो वह आपसे अधिक मूल्यवान है।

735. तुम खुद के लिए जीते हो तो तुम्हारी समय पास नहीं होंगे। तुम्हारे लक्ष्य के लिए, तुम्हारे महत्वाकांक्षा के लिए जीते हो तो तुम्हारे लिए समय काफी नहीं होगा।

736. अगर तुम्हें कोई कठिनाई, समस्या आये तो उसकी प्रतिफल अनुभव करना के लिए तैयार हो जाओ या फिर उस पर काबू पाने के लिए लक्ष्य, महत्वाकांक्षा बनाओ।

737. बिना किसी लक्ष्य के व्यक्ति बूढ़ों के समान होते हैं।

738. तुम्हारी महत्वाकांक्षा पूरी होने के लिए सत्य, नैतिकता, विश्वास, अटलता, हिम्मत, योजना चाहिए।

739. यदि तुम्हें के लिए कोई महत्वाकांक्षा है तुम्हें कोई भी आलोचना नहीं करता, या विरोध नहीं करता या निंदा नहीं करता तो इसका मतलब है कि यह महत्वाकांक्षा नहीं है या तुम अपनी महत्वाकांक्षा के लिए कुछ नहीं कर रहे हो।

740. प्रसव पीडा से डरकर तुम्हारी माँ ने तुम्हें जन्म देना नहीं छोड़ा। उसी तरह तुम कठिनाइयों, श्रम, बाधाओं, अपमान से डर के अपनी महत्वाकांक्षा और लक्ष्य को मत छोड़ें।

741. जीवन में तुम समस्या को अनुभव करने कारण तुम्हारे पास मंज़िल नहीं है। अगर तुम्हें मंज़िल होता तो तुम्हें समस्या को अनुभव करने के लिए समय नहीं होता।

742. हर किसी को आशा है। जब यह मजबूत हो जाता है तो यह एक लक्ष्य में बदल जाता है।

743. जिनके पास कोई लक्ष्य नहीं है उन लोगों को भोजन, नींद, सुख मूल्यवान दिखता है

744. गुटबंदी से, विरुध से, बिना योग्य से, उदास लोगों के लिए सहायता किये बिना किये गये कार्य महत्त्वाकांक्षा नहीं हैं, वे सफल भी नहीं होता।

745. किसके पास क्या आशा करना चाहिए, कौन सा काम करने के लिए क्या आवश्यक है, ये सब जानने वाले ही कुछ भी हासिल करते हैं।

746. ज्ञान से शक्ति उत्पन्न होती है और बुद्धि उस ताकत को शक्ति में बदल देती है।

अभ्यास बुद्धि से होती है। अभ्यास करने से कार्य सफलता होती है।

कार्य की सफलता से लक्ष्य और महत्वाकांक्षा पूरी होती है।

अपने लक्ष्यों और महत्वाकांक्षाओं पूरी होने से तुम्हारी मंज़िल पूरी होती है।

ताकत, कमजोर

747. यह दुनिया तुम्हें जितना अवसाद करते है आपकी आत्मा को उतनी ही अधिक शक्ति मिलती है।

748. जो ताकत तुम खुद देख सकते हो और इस दुनिया को दिखाई नहीं देती, वही तुम्हारी आत्मिक शक्ति कहलाती है।

749. यदि तुम अपने अंदर ताकत चीजों का उपयोग करेंगे तो आप ताकतवर बन जायेंगे।

यदि तुम अपने अंदर कमजोरियों चीजों का उपयोग करेंगे तो आप कमजोरी हो जायेंगे।

750. अवरोध से ताकत बढता हैं।

751. आपको ताकत मिलेगी यह इस बात पर निर्भर करता है कि आपको कौन मजबूत करता है।

752. तुम जिसके बारे में जानते हो उसकी ताकत और कमज़ोरियां तुम पर प्रभाव पडता है।

753. तुम्हारी ताकत ये है कि तुम कुछ भी जान सकते हो। तुम्हारी कमज़ोरी ये है कि तुम्हें लगता है कि तुम सब कुछ जानते हो।

754. अगर तुम अपनी ताकत पर निर्भर करोगे तो तुम ताकतवर जाओगे।

तुम दूसरों कि कमज़ोरियों पर निर्भर करते हो तो तुम कमज़ोर बन जाओगे।

755. तुम्हारी ताकत जानने के लिए जिसने तुम्हें उपयोग किया हो उनसे पता करो, और तुम्हारी कमज़ोरी जानने के लिए जिसे तुम उपयोग किये थे उन्से जाके पूछो।

756. एक व्यक्ति को पूरा आकलन करने के लिए अनुसरण करने वालि चीजें

   1. उनका विचारें

   2. उनका शब्द

   3. उनका काम

इनमें बीच जितना अन्तर होता है उतना कमज़ोर होता हैं। इनमें बीच जितना अन्तर नहीं होता है उतने ताकतवर होते हैं।

757. अगर हम वो काम करते हैं जो हमें नहीं करना चाहिए तो हम कमज़ोर हो जाते हैं।

अगर हम वो काम करते हैं जो हमें करना चाहिए तो हम ताकतवर हो जाते हैं।

758. नहीं जानना कमज़ोरी होतो, जान कर पालन न करना शक्तिहीनता होती है।

759. कमज़ोरी ज्यादा होगी तो गुलामी हो जाएगी।

760. संवेदनशीलता और कमजोरी दोनों एक जैसी नहीं हैं।

11

मुस्किल, मेहनत, दोष, सब्र

761. जीवन में कठिनाईयां क्षमता बढाने के मौकाएं है।

762. कठिनाईयों को अनुभव करने से तुम महान नहीं बन पाते हो। कठिनाईयों पर काबू पाने से ही तुम महान बन जाओगे।

763. हालत पर काबू नहीं पाने वाले कठिनाईयों को काबू पाने नही सकते।

764. हालत के अनुसार बदलने वाले हालत को बदल नही कर सकते और काबू पाने नहीं सकते है।

765. आपके जीवन के बचपन, किशोरावस्था, वयस्कता, मध्य और अंतिम चरण जैसे चरणों के दौरान, आप सभी कठिनाइयों और सुखों का अनुभव नहीं करते।

766. चाहें तुम्हें कितेने भी कष्ट, कठिनाई, श्रम, अपमान आए वह तुम्हारे पास जो कुछ भी है उसे नष्ट कर सकते हैं लेकिन तुम्हें कुछ नहीं कर सकते।

767. अगर तुम आलसी हो तो आपको केवल आशा बचता है। अगर तुम मेहनती हो तो तुमें प्रतिफल मिलता है।

768. आपका युवा अवस्था में ही कठिनाईयां आयें तो यह आपके लिए अच्छा है।

769. तुम्हारे लिए आने वाले तुम्हारे कठिन समय में भी आते है। तुम्हारी पास संपत्ति के लिए आने वाले तुम्हारी सुख समय में ही आते हैं।

770. तुम्हारी कठिन समय में तुम्हारी अनावश्यक चीजें तुम्सें दूर हो जाते हैं।

771. अगर तुम मेहनत नहीं करते तो तुमको कुछ कठिनाइयां आती हैं।

772. अगर तुम कठिनाई में हो तो इसका मतलब तुम कुछ सीख रहे हो, अगर तुम मानसिक दर्द अनुभव कर रहे हैं तो इसका मतलब है कि तुम ताकत हासिल कर रहे हैं।

773. छोटी-छोटी कठिनाई दूर हो के, बड़ी कठिनाई आती हैं, छोटी-छोटी खुशियाँ जा कर बड़ी खुशियाँ आती हैं। ये मौसम की तरह है

774. सुख दुःख तुम्हारे जीवन में मौसम जैसा है, वे आते जाते है।

775. कठिनाइयों और समस्याओं पर काबू पाने की क्षमता प्राप्त करने के उपाय:-

   1. उन पर काबू पाने के लिए लक्ष्य और महत्वाकांक्षाएं निर्धारित करना।

   2. आध्यात्मिकता

776. कठिनाइयाँ आपको सब्र सिखाती हैं।। सब्र आपको सफलता सिखाता है।

777. यदि आप अपने लिए मुस्खिल कार्य करते हैं तो यह आपकी मुस्खिल है।

   यदि आप दूसरों के लिए मुस्खिल कार्य करते हैं तो यह आपकी मेहनत है।

778. कठिनाई से शक्ति बढता है।

   तकलीफ से ताकत होती है।

   श्रम से ज्ञान मिलती है।

779. तकलीफ दोनों के लिए कारण बनता है -
   1. बदलाव के लिए
   2. बदला के लिए

780. तुम्हारी कठिनाईयों में, तकलीफों में, श्रम में, अपमान में तुम्हें केवल दो जवाब रखना - मौन, मुसकुराहट।

781. जो लोग कठिनाइयों, परेशानियों, बोझों पर विजय पाने की क्षमता रखता है वह उनका सामना मुस्कुराहट के काबू पाने करेगा। जिनके पास क्षमता नहीं है वे चिंता से अवसाद होंगे।

782. एक झूठ, एक झूठी गवाही, एक गलत काम और एक गलत वर्णन मिलने से एक दोष होता है।

783. दोष बनाने वाला धन, शक्ति या रिश्ते के मामले में जितना अधिक शक्तिशाली होगा, दोष उतना ही मजबूत होगा।

784. दोष विश्वसनीय के रूप से तैयार करेंगे और लगायेंगें।

785. दोष के काबू पाने के लिए आत्माविश्वास रखना चाहिए और नैतिकता जीवन जीना चाहिए।

हिम्मत, डर, कायर

786. अगर तुममें सत्य है तो तुममें हिम्मत भी है।

787. हिम्मत तुम्हारी ताकत और शक्ति बताती है।

788. अगर तुममें झूठा गुण है तो वह तुम्हारी हिम्मत को नाश करता है।

789. जिससे तुम डरते हो उसके अधीन में तुम आ जाते हो।

790. अगर तुम गलत करने से पेहले नहीं डरते हो तो तुम्हें गलती करने के बाद डरना पडता है।

791. डर दो तरह के होते है -

    1. गलती करने समय लगने वाला डर

    2. गलती करने के बाद लगने वाला डर

792. तुम्हें डर इसलिए लगता है क्यों कि तुम्हारे पास हिम्मत नहीं है। तुम्हें डर तभी लगता है जब तुम्हें तुम्हारी ताकत के बारे में नहीं पता है और तुम्हारी ताकत तुमको काम न आये।

793. ये गलत जान कर भी करने पर डर लगता है।

794. ये भला जान कर भी करने पर मना करना - कायरता है।

795. डर, हिम्मत एक ही आदमी हो सकता है। लेकिन कायरता, हिम्मत एक ही व्यक्ति में नहीं हो सकता।

796. तुममें डर, हिम्मत दोनों होना चाहिए। गलती न करने के लिए डर होना चाहिए, भला करने के लिए हिम्मत होना चाहिए, लेकिन कायरता नहीं होना चाहिए।

797. अगर तुममें हिम्मत है तो तुम्हारी ताकत बताता है, डर है तो तुम्हारी बर्ताव को ठीक करता है, कायरता है तो कमज़ोर और नालायक बनाता है।

798. इच्छा भय से अधिक मज़बूत है।

अवधि, समय, भविष्य, अतीत

799. दर्द और घाव को समय ठीक कर सकता है।

800. तुम क्या करना निर्णय लेने के लिए जितना समय चाहिए उतना समय ले लो, यह जानने के बाद एक क्षण भी व्यर्थ मत करना।

801. समय ही सब कुछ चलाता है।

802. इस दुनिया में सब से मूल्य वाला, सब को निश्चित मिलने वाला, बहुत व्यर्थ होने वाला - समय है।

803. सबसे मूल्यवान जो मनुष्य दूसरों को दे सकता है वह - समय है।

804. भविष्य को देखने के लिए विश्वास चाहिए।

805. भविष्य अब कभी नहीं दिकता।

806. भविष्य के बारे में सोचो, तो तुम्हारे पास अतीत के बारे में सोचने का समय नहीं होगा।

807. यदि आप जीवन में आगे बढ़ना चाहते हैं तो आपको अपना समय भविष्य के लिए व्यतीत करना चाहिए।

808. जब नूतन आयेगा तब पूरातन चला जायेगा। जो बीत गया उसके बारे में मत सोचो, जो आने वाला है उसके बारे में सोचो, पहचानो।

809. समस्या से पीड़ित समय को समस्या को खत्म करने में उपयोग करना बेहतर है।

810. बीते हुए कल से सीखना चाहिए।

811. भविष्य के लिए योजना होनी चाहिए।

812. तुम्हारी अतीत के काम तुम्हारी वर्तमान को प्रभावित करता हैं। तुम्हारी वर्तमान कार्य तुम्हारे भविष्य को प्रभावित करते हैं।

813. तुम अतीत से सीखना चाहिए न कि सोचना चाहिए।

814. अगर तुम अतीत के बारे में बात कर रहे हो तो इस का मतलब तुम भविष्य को छोड रहे हो।

815. अतीत के बारे में चिंता करते हुए बड़ा होना, पीछे देखके आगे चलना जैसा है।

चेतना, अनुसाशन

816. चेतना से -

    1. आप सोचेंगे।

    2. आपके पास ज्ञान होगी।

    3. आपका मार्गदर्शन किया जायेगा।

817. जीवन, ज्ञान और क्रिया का मिलन ही चेतना है।

818. अगर तुम अनुशासन का पालन करते हो तो तुम खुद क्या हो यह जान सकते हो।

819. तुम्हारे व्यवहार में इनमे दोनों में एक दिखाए देता है -

    1. अनुशासन के साथ व्यवहार

    2. पशु व्यवहार

820. तुम्हारी अनुशासन तुम्हें कुछ रूकावटें और दुर्घटनाएं दूर करता है।

काम

821. जो काम तुम कर रहे हो उसे तपस्या कि तरह मानना चाहिए।

822. अगर तुम कुछ भी काम नहीं कर रहे हो तो तुम खुद के लिए हानि पहुंचारहे हो।

823. अगर तुम्हे किस तरह के कम कहां करना है, कहां नहीं करना है इन सब बातों का जानकारी है तो तुम्हें भला आदमी कहते हैं, नहीं जानकारी है तो बुरा आदमी कहते हैं।

824. कोई भी काम पहले दिल से करना चाहिए और फिर शरीर से करना चाहिए।

825. कोई भी काम शुरू करने से पहले तुम उसकी लायक होना चाहिए है।

826. किसी भी काम करते समय क्यों, कैसे और उसका परिणाम इसका ध्यान रखना चाहिए।

827. सीखना समझ पर आधारित है,

कौशल सीखने पर आधारित है,

परिणाम कौशल पर आधारित है

828. तुम जितना काम करना चाहते थे वह महत्वपूर्ण नहीं है, तुम कितने काम किये वही महत्वपूर्ण है, कितना हासिल किया है वही परिणाम है।

829. तुम जो काम करते हो उससे तुम्हें मूल्य नहीं होता है। तुम्हारी कार्य कौशल से ही तुम्हें मूल्य होता है।

830. तुममें जितना सब्र, सहनशीलता है उतना ही तुम्हारी काम अच्छा होता है।

831. जो भी काम तुम ईमानदारी से करते हो उस का परिणाम अधिक होता है।

832. ईमानदारी बिना के काम, प्रयास से किसी तरह का परिणाम की आशा न रखें।

833. जब तुम्हें आवश्यकता नहीं है, अवसर नहीं है तो तुम कुछ भी मत करना।

834. तुम वो काम मत करना जो तुम्हें नापसंद है, आवश्यकता नहीं है।

835. जब तुम जो काम करना चाहते थे पर कर नहीं पाये तो तुम जो कर सकते हो वह करो।

836. एक काम क्रने के लिए दो चीज की जरूरत है -

    1. विचार

    2. ताकत

837. जो कार्य विचारपूर्वक और बिना ताकत के किये जायेंगे वे कमजोर कार्य होंगे और परिणाम अधूरा होगा।

838. विचारके बिना ताकत से करने वाले काम असंबद्धता काम होता है। परिणाम- मेहनत होंगी है।

839. किसी कार्य के सफल होने के कारण:-

    1. अनुभव

    2. क्षमता

ये दोनों एक ही समय, एक ही स्थान पर हो भी सकते हैं और नहीं भी।

840. जो काम तुम करते हो उस पर तुम्हें विश्वास नहीं हैं, तो कोई भी तुम पर और तुम्हारे काम पर विश्वास नहीं करेगें।

841. दूसरों पर भरोसा करके करने वाले काम से मिलने वाली परिणाम पूरी तरह से आशा न करें।

842. लापरवाही से करने वाले काम से मिलने वाला परिणाम लाभ से ज्यादा नष्ट ही है।

843. काम करने के लिए लेने वाला - रिश्वत है, ये अच्छी बात नहीं है।

काम करने के बाद देने वाला - बहुमान है, ये बुरी बात नहीं है।

844. तुम्हारे पास बातें और करतूत दोनों होना चाहिए, बातें से मनाना, काम से पूरा करना।

845. तुम्हें अपनी निजी जिंदगी से ज्यादा अपनी पेशेवर जिंदगी से ही नाम और प्रतिष्ठा मिलती है।

846. दुनिया में कौनसा काम अच्छा है वो काम तुम मत करना, तुम्हें कौनसा काम अच्छा है उसे करना।

847. किसी भी कार्य प्रक्रिया में क्या करें और क्या न करें जैसे दो बातें होती हैं।

848. सज़ा और परिणाम दो प्रकार के होते है-

    1. करने वाले काम न करने कि वजह से

    2. वर्जित काम करने कि वजह से

849. तुम कुछ भी काम नहीं करके सुख से जीना चाहते हो तो उसी समय तुम अपंग व्यक्ति बन जाओगे।

850. अगर तुम अपनी काम, अपने घरेलू काम को छोड़कर दूसरों के काम कर रहे हो तो इसका मतलब तुम उन्हें धोखा दे रहे हो।

851. अगर तुम सिर्फ अपनी काम और अपने घरेलू काम ही कर रहे हो तो इसका मतलब तुम अपनी ज़िम्मेदारी पूरी तरह से नहीं निभा रहे हो।

852. अगर तुम अपनी काम, अपने घरेलू काम और समाज के लिए किसी एक काम कर रहे हो तो इसका मतलब तुम अपनी ज़िम्मेदारी पूरी तरह से निभा रहे हो।

853. अगर तुम्हारे काम और कोई आदमी कर रहा है तो इसका मतलब -

    1. तुम्हें वो काम नहीं होगा "या"

    2. तुम आलसी हो "या"

    3. उस काम करने वाले तुम्हें प्रेम कर रहा हैं

854. अगर तुमसे संचालन करने वाला काम तुमसे हो नहीं पा रहा है तो दूसरा कोई उसे संचालन करता है। जो तुम्हें करना है वह तुम नहीं करते तो किसी और लेगा करते। अगर तुम जैसे रहना है वैसे नहीं हो रहा है तो उस स्थान पर कोई और रहता।

16

विजय, जीत

855. जो तुम चाहते हो वह हासिल किया तो - वह विजय है। तुम दूसरों पर चाहते हो वह हासिल किया तो - वह जीत है।

856. विजय वो नहीं है जो अनपेक्षित में हासिल हो जाए।

विजय वो होती है जो जानबूझकर हासिल की जाती है।

857. विजय के पहले समस्याएं होती है।

यदि तुम समस्याएं से डर जागे तो तुम को विजय नहीं मिलेगी।

858. सफलता पाने के लिए मुख्य सिद्धांत - तुम्हारी विचार, तुम्हारी शब्द, तुम्हारी काम एक ही तरह बिना किसी बदलाव से होनी चाहिए।

859. अगर तुम नामुमकिन हालतें पर विजय प्राप्त कर लेता हो तो तुम असाधारण आदमी हो जाते हो।

860. असंभव के पहले नामुमकिन हालतें होते हैं। विजय के पहले समस्याएं होती है।

861. जीत, ईमानदारी दोनों एक ही जगह पर हो सकता है और नहीं भी।

862. उन लोगों की विजय नहीं होगी जिनके पास कोई लक्ष्य नहीं है।

863. अगर तुम हिंसा से साय विजय हो तो तुम्हें सिर्फ विजय ही बचता है।

अगर तुम प्रेम से साय विजय हो तो तुम्हें विजय बढकर अमूल्य चीजें मिलती है।

864. अगर तुम्हें राज्य चाहिए तो राजा के घर में जन्म लेना महत्वपूर्ण नहीं है। यह महत्वपूर्ण है कि तुम्हें युद्ध सीखना है और उसे जीतना भी।

865. यदि आप हर बार विफलता हैं तो इसका मतलब पराजित नहीं है।

जब आप प्रयास करना बंद कर देते हैं तो यह पराजित है।

866. वीरता जीतने पर निर्भर नहीं है। लड़ाई पर निर्भर करता है।

17

अच्छा, बुरा, नूकसान

867. अगर तुम गलत रास्ते पर चल रहे हो तो तुम्हारी रास्ते पर आने वाले सभी अवरोध अच्छा ही है। अगर तुम सही रास्ते पर चल रहे हो तो तुम्हारी रास्ते पर आने वाले सभी अवरोध बुरा ही है।

868. अच्छा इंसान कहलाने की कोशिश मत करो। एक अच्छा इंसान बनने की कोशिश करें। एक अच्छा इंसान बनना आसान है।

869. अच्छाई का मतलब ये नहीं है कि दूसरों जो भी करे उसे सहते रहे, इसका मतलब दूसरों का भला चाहना।

870. अवसरवादियों से अच्छे की उम्मीद न करें।

871. तुम्हारे अन्दर अच्छे और बुरे दोनों विचार वास नहीं कर सकता है, एक तरह कि विचार ही होता है।

872. तुम में बुराई, मूर्खता नाश होने के बाद ही भलाई और ज्ञान का जन्म होता है।

873. तुम्हें जो भी अच्छा लगता वह सभी अच्छा नहीं करेगा, कुछ बुरा भी करता है।

   तुम्हें जो भी बुरा लगता वह सभी बुरा नहीं करेगा, कुछ अच्छा भी करता है।

874. किसी को देखके तुम बिगाड़ना नहीं होना, दूसरों को आपको देखकर अच्छा बन चाहिए

875. अगर तुम इस दुनिया में अकल्पनिक महान काम करते हो तो तुम इस दुनिया को बुरा नज़र आते हो।

876. तुम्हें अच्छे लोगों का कुछ काम बुरा लगता है और बुरे लोगों के कुछ काम अच्छा लगता है। व्यक्तित्व पर ध्यान दें।

877. तुमको देखके कोई भी ईर्षा करते हैं तो उन्हें दूर रहो। तुम्हें उन से सीखने के लिए कुछ भी नहीं है, उनके पास अच्छे से ज़्यादा बुरा ही मिलता है।

878. तुम जिससे प्रेम करते हो, उसका परिणाम तुम्हें अनुभव करना पड़ता है। अच्छे चीज़ें प्रेम करते हो तो अच्छा परिणाम, बुरे चीज़ें प्रेम करते हो तो बुरा परिणाम ही अनुभव करना पड़ता है।

879. अगर दूसरों द्वारा तुम्हें किया गया नुकसान तुम्हारे द्वारा किए गए भलाई से अधिक है, तो भलाई न करना ही बेहतर है।

880. परिस्थितियों और सीमाओं के आधार पर कुछ भी अच्छा या बुरा नहीं होता। अच्छे वे हैं जो सीमाओं और स्थितियों के अधीन हैं। बुरे वे हैं जो सीमाओं और स्थितियों के अधीन नहीं हैं।

881. सीमा के अधीन में है तो वह अच्छा है। सीमा के बाहर है वो बुराई है।

882. आपका विवेक आपके लिए अच्छा या बुरा नाम लेकर आता है।

883. तुम दूसरों के बारे में कम अनुमान करते हो तो-
    1. तुम्हें नुकसान होगा।
    2. बुरे आदमी बन जाओगे।

884. अगर तुम बुरे काम करने वालों को सहायता करते रहोगे, तो तुम अपनी बुराई को मदद करने के बराबर है।

885. स्वार्थ एक हथियार की तरह है इस से अच्छा भी हो सकता है और बुरा भी हो सकता है।

886. हानी, बुराई से नुकसान बेहतर है।

887. हिम्मत - आपको अच्छे कार्य करने देता है।

कायरता - आपको अच्छे कार्य करने से रोकती है।

व्यभिचार - बुरे कार्य करने देती है।

डर - बुरे कर्म करने से रोकता है।

888. तुम्हारे कारण तुम्हारे साथ बुराई होती है - यह तुम्हारा पाप है। तुम्हारे कारण दूसरों को बुराई होती रहती है - यह तुम्हारा नीच है।

889. गलत करने के बाद डरने से गलत करने से पहले डरना बेहतर है।

890. जो लोग लालची होते हैं वे बुराई के लिए लायक होते हैं।

891. गलत काम करने वालों को दूसरों की गलतियाँ का बार प्रश्न करने का कोई अधिकार नहीं है।

892. व्यभिचार बुरा है। अनैतिक और विश्वासघात नीच है।

893. अगर कोई आवश्यकता के लिए गलत करें - वह बुरी बात है।

894. अगर कोई अनावश्यकता के लिए गलत करें - वह नीच है।

18

ईर्षा, घृणा

895. जिनके पास खुद से ज्यादा है उनहीं से डाह होती है। जब दूसरों के पास है और खुद के पास नहीं है वही ईर्षा होती है।

896. तुमसे बहतर स्थिती में रहने वालों को देखकर सीखो, ईर्षा मत हो।

तुमसे ख़राब स्थिती में रहने वालों को देखकर जानने पड़ता, मज़ाक मत करो।

897. अगर तुम में ईर्षा और डाह हैं, तो वे तुम्हारे दोस्तों को दुश्मन में बदल सकते हैं।

898. एक आदमी तुम को दोष देने का कारण -

   1. तुम उस स्तर पर हो जिससे वह नफरत करता है।
   2. तुम उस स्तर पर हो जिससे वह ईर्षा करता है।

899. जो कीट और कीड़े एक पौधे के साथ क्या करते हैं, ईर्ष्या और घृणा आपके साथ भी वही करेंगे।

900. अगर तुममें ईर्ष्या और घृणा आ रही है तो इसका मतलब है तुममें आनन्द और ख़ुशी मिटकर दर्द और पीडा बनी रहती है।

901. इस दुनिया में अगर तुम ठीक नहीं है तो तुम्हें नीची नज़र से देखते है और परिहास के पात्र बन जाओगे। ठीक है तो ईर्ष्या और घृणा के पात्र बन जाओगे। अपनी इच्छा प्रकार से रहते हो तो आनंद में रहते हो।

902. अगर तुममें ईर्ष्या और घृणा है तो वह तुम्हारी ताकत को कम करके कमज़ोरी बढता है।

903. घृणा को काबू में रखने का तरीके -

    1. सेवा

    2. खेल

    3. कला

904. तुम्हें घृणा करने वालों को अगर तुम भला करोगे तो वे तुम्हें बुरा ही करेंगें और बुरा करें तो बुरा ही करेंगें।

905. ईर्ष्या, घृणा दुष्ट काम करने वालों में निवास करता है।

906. ईर्ष्या, घृणा अच्छे काम करने वालों में निवास नहीं करता है।

19

रिश्ते

907. इनसान दो प्रकार के रिश्ते रखता है-

    1. व्यक्तिगत रिश्ते

    2. सामाजिक रिश्ते

908. तुम्हारे जिन्दगी में पेहले रिश्ते प्रभावित करना चाहिए। इसके बाद ही कुछ और तुम्हें प्रभावित करता है।

909. जब तुम सब कुछ खो जाने के बाद भी जो तुम्हारे साथ देते हैं वे तुम्हारे मित्र और रिश्तेदार हैं। जो भी तुम्हारा दर्द को अपना दर्द महसूस करते हैं, तुम्हारी कष्ट को अपना कष्ट महसूस करते है, वे ही तुम्हारे दोस्त है, तुम्हारे रिश्तेदार है।

910. तुम्हारे सुख दुःख में तुमसे ईमानदारी से रहने वाले ही तुम्हारे रिश्तेदार है, तुम्हारे मित्र है, तुम्हारे प्रेम करने वाले है।

911. शादी से तुम्हे आजीवन तुम्हारे साथ निभाने के लिए एक व्यक्ति मिली है वही काफी है, और कुछ भी मत मांगना। मनुष्य के इलावा और कोई कीमती नहीं है।

912. तुम्हे तुमसे ज़्यादा और तुम्हारी पत्नी के ज़्यादा कीमती चीज़ और कुछ नहीं है। तुम दोनों के बीच दहेज नामक चीज़ है तो वह तुम दोनों की कीमत को घटा देगी।

913. तुम दोनों मां बाप होना आवश्यक है, चाहे वो लडकी या लडके के वजह इस की आवश्यक नही है।

914. तुम्हारे मां बाप को तुमसे असली कीर्ती तभी मिलती है जब दोसरों तुम को देखकर ये कहते है कि काश तुम जैसा संतान हमें भी मिलता।

915. अच्छे लोगों से दोस्ती करें या अपने दोस्त को अच्छे लोगों बनाएं।

916. रिश्ते में मतभेद आ सकता है, लेकिन विरोध नहीं होना चाहिए।

917. जिम्मेदारी और भरोसा के बिना कोई रिश्ता टिक नहीं सकता।

918. जो लोग, तुम्हारे बारे में, तुम्हारी हालत के बारे में जानकर भी ऐसे व्यवहार करते हैं जैसे उन्हें पता ही नहीं है, वे विरोधी है। उन लोगों को किसी भी हालत में भरोसा नहीं करना चाहिए।

919. दोस्ती, दुश्मनी भलाई और बुराई के ऊपर निर्भर करता है। ना कि जाति, मज़हब, क्षेत्र, धन पर निर्भर नहीं करता है।

20

धन, जरूरतें

920. यदि तुम मुख्य रूप से धन के बारे में सोचते हो, तो पूरी दुनिया तुम्हें बुरी लगती है।

यदि प्रेम मुख्य चीज़ है, तो पूरी दुनिया तुम्हें अच्छी तरह से समझ आती है।

921. अगर तुम्हारे पास धन है तो इसका मतलब ये नहीं कि तुम्हारे पास सब कुछ है।

922. अगर तुम्हारे पास धन नहीं है तो इसका मतलब ये नहीं कि तुम्हारे पास कुछ भी नहीं है।

923. जब तक यह संसार है तब तक धन शाश्वत है। मगर तुम शाश्वत नहीं हो। इसलिए तुम के लिए जियो।

924. धन से तुम्हारी जरूरतें पूरी होती है, मगर तुम्हारे समस्याएं नहीं।

925. अगर तुम्हें धन कि जरूरत है तो तुम जितना चाहो कमाओ। लेकिन उसके गुलाम बनकर मत कमाना।

926. यदि आप अपने कमाए हुए धन के बारे में खुल कर नहीं बता सकते तो यह आपकी कमाई नहीं है, यह आपकी चोरी या डकैती या आ पकी धोखाधड़ी या विश्वासघात बन जाती है।

927. तुम स्वच्छन्ध से जितेने तुम्हारी कमाई बोल सकता है वहीं तुम्हारी कमाई है।

928. जितेने तुम आर्जित करते हो उसमें से तुम कुछ दान नहीं करोगे तो उसका मूल्य नहीं होता।

929. अगर तुम धन के लिए मूल्य नहीं देते हो तो तुम्हें मुश्किलों को सामना करना पडेगा।

जितना है कि इस दुनिया धन के लिए कितना चाहता है उतना।

930. धन तुम्हारे लिए आवश्यकता होनी चाहिए कमज़ोरी नहीं।

931. तुम्हारी ख़र्चे नियन्त्रन में होनी चाहिए, आवश्यक होनी चाहिए, अनिवार्य होनी चाहिए।

     तुम्हारी कमाई में उन्नती होनी चाहिए, सुरक्षा होनी चाहिए, बची हुए धन होनी चाहिए

932. अगर तुम्हारे पास धन है तो तुम्हारे पास सुख- ख़ुशी होती है।

     अगर तुमें प्रेम है तो तुम्हारे पास आनंद होता है।

933. तुम्हें जीवित रहने के लिए धन चाहिए।

     जीने के लिए प्रेम भी चाहिए।

934. समय, धन, विध्या, अधिकार इन सबसे महत्वपूर्ण इनसान है। क्यों कि ये सब इनसान के लिए ही है।

21

सुख, खुशी, आनंद, मैथुनिक

935. सुख शरीर के लिए है।,

खुशी मन के लिए है।,

आनंद दिल के लिए है।

936. दिखने वाले चीजें से खुशी मिलती है। अदृश्य चीजें से आनंद मिलती है।

937. खुशी तब होती है जब तुम इसे प्राप्त कर लेते हो।

आनंद तब होती है जब तुम देते हो।

938. ख़ुशी - अस्थायी, आनंद - नित्य

939. अगर तुम्हारी तकलीफ तुम्हें काम आयें तो - वह ख़ुशी है।

अगर तुम्हारी तकलीफ दूसरों कद काम आयें तो - वह आनंद है।

940. प्राप्त होने पर लगनेवाली को ख़ुशी कहते हैं।

खोने पर लगनेवाली को दुःख कहते हैं।

एक बार लगया तो कभी भी न जाने वाले को आनंद कहते है।

941. आनंद उन लोगों को नहीं होगी जो अपेक्षाएं के साथ देंगे।

942. खुशी और दुःख एक ही समय एक ही जगह नहीं होता। लेकिन आनंद और दुःख एक ही समय एक ही जगह हो सकता है और नहीं भी।

943. आनंद करने वाले काम में होती है। खुशी और दुःख करने वाले काम की प्रतिफल से मिलती है।

944. सुख के लिए, खुशी के लिए अनित्य चीजों में ढूढने वाले शाश्वत चीजों में मिलने वाले आनंद खो देते हैं।

945. अगर तुम्हें खुशी में एक व्यक्ति और दुःखी में दूसरा और व्यक्ति दिखाए देता है तो तुम एक मूल्यहीन व्यक्ति है।

946. तुम्हें आनंद से रखने वाले सभी दिन त्योहार ही है।

947. अगर तुम आनंद से जीना चाहते हो तो तुम्हारी वजह से दूसरा कोई खुश से रहना चाहिए।

948. आनंद से ही खूबसूरत मिलती है लेकिन खूबसूरत से आनंद नहीं आती।

949. तुम्हें जीवन में ख़ुशी इस बात पर निर्भर नहीं करती कि तुम्हें कितनी मदद मिलती है। यह इस पर निर्भर करता है कि तुम कितनी मदद करते हैं।

950. सत्य, ज्ञान, प्रेम इन सबसे मिलने वाले आनंद शाश्वत है।

951. अगर तुम्हारे जीवन में आनंद है तो उसकि कारण-

    1. तुम्हारे जीवन में भगवान है

    2. तुम्हारे पास एक महत्वाकांक्षा होन

    3. तुम ईमानदारी से जीना

952. जब तक तुम दिखावा करते रहोगे, तब तक तुम आनंद खो दोगे।

953. रोमांस, शारीरिक संबंध के बारे -

    1. मानसिक रूप से, शारीरिक रूप से परिपक्व होके रहने वाले औरत या आदमी रोमांस, शारीरिक संबंध के बारे में जानना गलत नहीं है।

    2. मानसिक रूप से, शारीरिक रूप से परिपक्व होके रहने वाले औरत या आदमी सीमाएं के साथ, नियमों के साथ, प्रतिबद्धता के साथ शारीरिक संबंध, रोमांस करना गलत नहीं है।

    3. रोमांस, शारीरिक संबंध में धोखा, विश्वासघात नहीं होना चाहिए।

4. रोमांस, शारीरिक संबंध से सुख, खुशी, सन्तान मिलती है।

5. सीमाएं के बिना, नियमों के बिना, प्रतिबद्धता के बिना रोमांस, शारीरिक संबंध से भय, कष्ट, अचानक घटनाएँ, दुर्घटनाओं, हानि, बेचैनी होती है।

मदद, दान

954. यदि तुम उन लोगों को देते हो जो तुम्हें जरूरत हो - आवश्यकता।

यदि तुम उन लोगों को देते हो जिन्हें तुम्हारी जरूरत है - सहायता।

यदि तुम उन लोगों को देते हो जिनके पास देने के लिए कुछ भी नहीं है - दान।

955. यदि तुम उन लोगों को मदद करते हो जो तुम्हें जरूरत हो - मुल्य नहीं है।

यदि तुम उन लोगों को मदद करते हो जिन्हें तुम्हारी जरूरत है - अमूल्य है।

यदि तुम उन लोगों को मदद करते हो जिन्हें पास कोई लक्ष्य, महत्वाकांक्षा है - महान है।

956. एक आदमी दूसरे आदमी को मदद करने के किए उन दोनों के बीच में दोस्ती, प्रेम, रिश्ता इन सब कि जरूरत नहीं है। उन में मानवता ही काफी है।

957. केवल सलाह देने वाले न बनें, सहायक करने वाले भी बनें।

958. इस बात की चिंता न करें कि दूसरे आपकी मदद नहीं कर रहे हैं। तुम दूसरों की मदद करके आनंद महसूस करें।

959. तुम्हें निश्चित रूप से रहने वाली आदत - दूसरों को मदद करना।

960. उनकी मदद करो जो विकास करना चाहते हैं उनकी नहीं जो आराम से रहना चाहते हैं।

961. जो मदद कर सकते हैं लेकिन मदद नहीं करते - असमर्थ।

962. तुम्हें मिलने वाली सहायता का दुरुपयोग न करें।

963. अगर तुम मिलने वाली सहायता का दुरुपयोग करते हो तो तुमें, तुम्हारे सहायता करने वाले को नष्ट पहुंचाते हो।

964. तुम्हें मिलने वाली सहायता का सदुपयोग करने से तुम्हें खुशी मिलती है। तुम्हें मदद करने वालों को भी आनंद मिलती है।

965. तुम्हारे द्वारा किया गया उपकार और मदद जबरदस्ती नहीं होनी चाहिए, वह स्वतंत्रता होनी चाहिए।

966. तुम जिस व्यक्ति पर निर्भर करते हो उसके आधार पर तुम्हें मदद मिलेगी।

967. तुम दूसरों से मदद ले सकते हैं लेकिन दूसरों पर निर्भर नहीं कर सकते हो।

968. मदद करने वालों को काम करने वाले जैसे नीच के रूप में देखने वालों को हीन लोग कहते है।

969. उन लोगों को देना है जो वापस नहीं दे सकते - वहीं सच्चा दान होता है।

970. तुम्हें जरूरत नहीं चीजें है उन्हें देना दान नहीं होता है। दूसरों को जरूरती चीजें देना ही दान होता है।

971. जिनके पास सब कुछ हो उनको देना कभी भी दान नहीं होता है।

972. जो लोग केवल लेना जानते हैं और जो देना नहीं जानते वे निम्न लोग ही बने रहते हैं

973. सिर्फ दूसरों पर निर्भर करने वाले, दूसरों को ही मदद करने वाले खुद को खो जाते है

974. जो देने वालों की जानकारी के बिना लेना चाहते हैं, जो लोग करने वालों की जानकारी के बिना कुछ करना चाहते हैं, वे खतरनाक स्वार्थी और अनजाने दुश्मन होते हैं।

-23-

गुस्सा, घमंड, गर्व, अहंकार

975. गुस्सा, घमंड, गर्व और अभिमान एक ही चीज़ नहीं हैं।

976. अभिमान और गर्व नहीं होनी चाहिए, गुस्सा, घमंड होनी चाहिए।

977. अभिमानियों को समादान देने के लिए घमंड चाहिए।

जो क्रम से बाहर वालों की नियंत्रण में करने के लिए गुस्सा आवश्यक है।

978. वीरता और क्रोध तुम्हारे लिए अतिरिक्त योग्यताएँ हैं।

979. अगर तुम पे किसी को गुस्सा आता है तो वह किसी न किसी दिन चला जाता है।

अगर तुम पे किसी को घिनौना आता है तो वह कभी भी नहीं जाता है।

980. अगर तुम एक बार गलती किया तो दूसरों को गुस्सा आ जाता है।

अगर वहीं गलती बार बार करे तो दूसरों को तुम पर घिनौना आता है।

24

तुम्हारे, तुम्हे, तुम, तुझे, तुम्हारी

981. तुम्हारे बारे में न जान के दूसरों के बारे में जान नहीं सकते हो।

982. तुम से बढकर इस दुनिया में बहुत सारे महान लोग हो सकते है। लेकिन तुमसे बढकर पसंद वाले तुम्हें और कोई नहीं होनी चाहिए।

983. तुम्हारे बातें तुम्हारे काम से ज़्यादा होता तो तुम्हारी मूल्य उतनी कम हो जायेगी।

984. तुम्हारी महानता दूसरों को कम अनुमान लगाने में नहीं, बल्कि दूसरों को समझने में है।

985. प्रतिकूल विचारों वाला व्यक्ति तुम्हारे बारे में अनुकूल से नहीं सोच सकता।

986. जो दोष तुम जानते हो उसे तब तक अपने अंदर नहीं रखो जब तक दूसरे तुम्हें बताते

987. जितना अधिक तुम अपनी इंद्रियों पर नियंत्रण कर सकते हो, तुम उतना अधिक शक्तिशाली होगे।

988. यदि तुम अपने दुर्भाग्य के ऊपर रोते हो, तो तुम मूर्ख बन जाओगे और नष्ट हो जाओगे।

989. अपनी आत्मा जो चाहती है उसके बजाय इस दुनिया के अनुसार जीना अपने स्वयं को धोखा होता है।

990. यदि तुम्हारी आत्मा कुछ करना चाहती है और तुम, अपने शरीर को सहयोग करने से मना कर रहे हो वही अपने स्वयं को धोखा देना होता है।

991. ये मत सोचना कि सभी तुम्हारे जैसे होते है।

यह मत सोचिए कि हर किसी को आपके जैसा होना चाहिए।

यह मत सोचो कि हर कोई एक जैसा हो।

यह मत सोचो कि एक दूसरे जैसे होते है।

992. एकान्त का मतलब तुम्हारे आसपास कोई नहीं है।

993. अकेलापन का मतलब है तुम्हारे आस पास सभी होकर भी तुम उनसे सबंध नहीं रखना

994. लापरवाही तुम्हारे ऊपर नहीं होनी चाहिए और न तेरी पड़ोसी पर।

995. पहले तुम्हारी ज़िम्मेदारियां निभावो फिर उसके बाद तुम्हारी अधिकार की अपेक्षा करें।

996. गरीबों, कमजोरों और शक्तिहीनों का मदद करना तुम्हारी जिम्मेदारी है।

997. आपके लिए भोजन से ज्यादा तुम्हारी जीवन महत्वपूर्ण है और अच्छे कपडे से ज्यादा अच्छे शरीर महत्वपूर्ण है।

998. जो तुम्हारे लिए आवश्यक है वही तुम्हारे लिए मूल्यवान है, जो तुम्हारे लिए आवश्यक नहीं है वे जितने भी कीमती हो तुम्हारे लिए व्यर्ध है।

999. जो तुम्हारे सामने दिख रहा है जैसे कि अधिकार, पढाई, शरीर, धन, भोजन, सुख वगैरह पर तुम ध्यान देते हो तो तुम्हें दिखाई न देने वाले जैसे जान, प्रेम, भूख, आनंद वगैरह तुम्हें नहीं पा ओगे।

1000. तुम्हें कीमती नहीं देने वालों को यदि तुम कीमती देते हैं तो तुम्हें दर्द, वेदना, छल, दोष विश्वासघात ही बचता है।

1001. अगर तुम्हें प्रतिकूल हालतें सामने करना पडे तो तुम स्थिर होके खडे रहोगे तो वह तुमसे निकल कर आगे जायेगा।

1002. तुम्हे लगी दर्द तुम्हें लगी हुए घाव से सबंधित नहीं रखता, तुम्हें लगी हुए हालत पर निर्भर करता है।

1003. तुम्हें कुछ भी मालूम नहीं हो सकता है लेकिन तुम कुछ भी सीख सकते हो।

1004. शक्तियाँ आपके लिए सहायक हो सकती हैं लेकिन वे दिखाई नहीं देतीं।

1005. तुम्हें प्रतीक्षा कि जरूरत है। जब तक तुम प्रतीक्षा करते हो तब तक तुम किस चीज के लिए प्रतीक्षा कर रहे हो, उसके लिए जरूरी योग्यताएं आपको मिल जाएंगी।

1006. तुम्हें मरते तक नई चीजें जानने को मिलती है। किसी भी हालत पर तुम्हें सब कुछ मालूम होने का भाव न होनी चाहिए।

1007. अगर तुम इन्सान हो, तो आपके लिए आपसे अधिक मूल्यवान कोई भी नहीं है।

1008. वह स्थान जहाँ तुम्हारा जन्म हुआ है वह तुम्हारा नहीं है।

जिस जाति में तुम्हारा जन्म हुआ है वह जाति तुम्हारा नहीं है।

1009. यदि आप बदले जाने का दिखावा कर रहे हैं, तो आप बदले जाने की आनंद का अनुभव नहीं कर पाएंगे।

1010. आप चुप रहने वाले लोगों पर विश्वास कर सकते हो या नहीं भी, लेकिन उन्हें कम आंकलन न करो।

1011. तुम्हें इन दोनों को ही अपना शत्रु मानना है:-

    1. तुम्हारी जिन्दगी को हानी पहुंचने वालों को

    2. जो आपके रास्ते में खड़े हैं।

1012. अगर तुम पालन नहीं कर सकते हो तो कितना भी सुनना व्यर्थ हैं।

1013. आप जिसके प्रभाव से तुम जीते हो तुम उसी के हो।

1014. तुम जिस के लिए अपनी आत्म सम्मान खोते हो उसकी गुलाम बन जाओगे।

1015. जब आपको कुछ हासिल करने के लिए बाधाएं और हार नजर आए तो आपको असत्य मार्ग नहीं लेना चाहिए।

1016. दूसरों का आकलन करने से पहले यह जान लें कि आपमें वह योग्यता है या नहीं।

1017. आप खुद नहीं बदलकर दूसरों को बदल नहीं पाओगे।

1018. तुम जिसको ज्यादा मूल्य नहीं देते हो वह तुम्से दूर हो जाएगा। चाहे वो तुम्हें आवश्यक हो या अनावश्यक, चाहे वो किमती हो या बेकार।

1019. तुम जिसको ज्यादा मूल्य देते हो वह तुम्हारे पास रहेगा। चाहे वो तुम्हें आवश्यक हो या अनावश्यक, चाहे वो किमती हो या बेकार।

1020. जिस आदमी को तुम मूल्य नहीं देते हो उसके पास तुम्हारे लिए कोई मूल्य नहीं होगा।

1021. जिस आदमी को तुम मूल्य नहीं देते हो उससे अपने लिए मूल्य की अपेक्षा न करें।

1022. जिस आदमी को तुम मूल्य नहीं देते हो उससे अपने लिए मूल्य की अपेक्षा करना - अहंकार है।

1023. तुम कैसे हो ये महत्वपूर्ण है। तुम किन लोगों के बीच में हो ये भी महत्वपूर्ण है।

1024. तुम दूसरों को कम अनुमान करने से वे नीचे नहीं हो जाएंगे, ऊंचा अनुमान करने से वे ऊंचे नहीं हो जाएंगे।

1025. जब तुम किसको उपयोग करने का सोचते रहे हो, तो तुम गिर जाओगे।

जब तुम ये सोचते हो कि तुम किसकी काम आ सकते तो तुम्हारी विकास होगी।

1026. जो तुम सोचते वह नहीं हुआ तो उससे तुम्हें हानी होने कि संभावना हो सकता है,

जो तुम नहीं सोचते हो वह हुआ तो उससे तुम्हें अच्छा होने कि संभावना हो सकता।

1027. जो दूसरे लोग देते है वह तुम रख सकते हो या नहीं भी, लेकिन जो तुम कमते हो वह तुम जरूर रखोगे।

1028. तुम मुफ्त में कुछ भी पाने कि मत सोचो, प्रतिफल में पाने कि सोचो।

1029. जब तुम खुद कि तरह रहते हो तभी जो तुम चाहते हो, करना चाहते हो वो सब कर सकते हो।

1030. तुम बाहर क्या बता जा रहे हो वह तुम्हारी होंट बताती है।

तुम अपने अन्दर क्या सोच रहे हो तुम्हारे आंखें दिखाती है।

1031. अगर तुम स्वच्छ हो तुम स्वच्छ से रहने जैसा है।

तुम्हारी परिवेश भी स्वच्छ है तो तुम आरोग्यशास्त्र से रहने जैसा है।

1032. तुम महान बनना एक ही दिन में या एक ही साल में नहीं होगा।

1033. तुम दुनिया को देखने के लिए सच्ची योग्यता तुम खुद को देखना।

1034. तुम किसी को वादा देने से पहले सोचो, पूरा करते समय नहीं।

1035. अगर तुम बदलाव नहीं कर सकते है तो विकास नहीं कर सकोगे।

1036. तुम अपनी शरीर को तब त्याग करते हो जब तुम नहीं जानते कि मरने के साहस से तुम दुनिया को डरा सकते हैं।

1037. अगर तुमको कोई ऐसा विचार आए जो किसी और को नहीं आएं, तो वह किसी और से पूरा नहीं होगा, उसे तुम्हें खुद पूरा करना होगा।

1038. इस दुनिया के लिए तुम कैसे दिख रहे हो ये महत्वपूर्ण नहीं है, तुम अपने आप कैसे दिख रहे हो वहीं महत्वपूर्ण है।

1039. आप भी इस दुनिया में एक हैं, बल्कि आप इस दुनिया के गुलाम नहीं हैं।

1040. तुम खुद को जीतने के लिए आपको जो चीजें करनी होंगी:-

    1. तुम दूसरों को धोखा नहीं देना चाहिए

    2. तुम खुद को धोखा नहीं देना चाहिए

1041. यदि तुम अपने आप को कम आंकते हैं तुम्हारी क्षमता बरबाद हो जायेगा।

1042. लोगों द्वारा किये जाने वाले किसी भी कार्य के पीछे हमेशा कोई न कोई स्वार्थ होता है। उससे तुम को भलाई या बुराई भी हो सकता है।

1043. अपने से आप ईमानदारी और यथार्थता से लाईक करना ही आत्म-सम्मान होता है।

1044. अगर कुछ भी है जो तुम्हारा है-

    1. केवल आपका ही होना चाहिए

    2. आपके द्वारा अर्जित किया जाना चाहिए।

    3. आपके द्वारा बनाया जाना चाहिए।

1045. यह कहना कि कोई चीज़ आपकी है, वह दूसरों की नहीं होनी चाहिए।

25

अन्य वाक्यों

1046. आलोचना अलग हैं और विरोध करना अलग हैं।

1047. आलोचना न तो सहमति है और न ही असहमति।

1048. स्पष्टीकरण से संदेह दूर हो जाता है। तर्क संदेह पैदा करता है।

1049. दया दो प्रकार की होती है:-

    1. दूसरे आप पर दया दिखाते हैं।

    2. आप खुद पर दया दिखाते हैं।

1050. दूसरे तुम पर दया दिखाते - हालत

    तुम खुद अपने आप पर दया दिखाते - बुरी हालत

1051. जो देखा जाता है उससे नकल पैदा होती है।

    अनुकूलन उस चीज़ से आता है जो अदृश्य है।

1052. नकल से महान है अनुकूलन है।

1053. जब सभी रास्ते बंध हो जाती है तो नया रास्ता खुलता है।

1054. मोचन पाने के लिए प्रतीक्षा कि जरूरत है, प्रतीक्षा के लिए आधार कि जरूरत है

1055. आज्ञा पालन करने से नष्ट से ज़्यादा भलाई ही अधिक है।

1056. समस्याओं के कारण:-

    1. ज्ञान न होना।

    2. सहनशीलता न होना

    3. गलतियों को सुधारे बिना उन्हें छुपाने की कोशिश करना

    4. बुरा होते हुए भी अच्छा दिखने की कोशिश करना

1057. एक व्यक्ति के लिए बहुमूल्य हैं-

    1. पहला उसका दिल

    2. उसके बाद उसका समय

    3. उसके बाद उसकी धन

1058. जब विचारें ठीक नहीं है, अनुमान ठीक नहीं है तब फैसलें भी ठीक नहीं होंगें।

1059. यदि तुम कोई कारण लेकर किसी को दुःख पहुँचाते हो तो वही कारण तुमको भी दुःख पहुँचाएगा।

1060. मूल्यहीन लोग तुम्हें मूल्य देना और नहीं देना एक ही बात हैं।

1061. पत्तियों का झड़ने से पेड़ मर नहीं जायेगा, वसंत आने से फिर से फूल, पत्ते, फल सबको पैदा करता है।

1062. श्रेष्ठ पाने के लिए सबसे पहले सर्वोत्तम नहीं को हटाना होगा।

1063. सृष्टि की चीज़ें को जानने के लिए इन्सान ने एक मार्ग बनाया है - वही विज्ञान है। ना कि विज्ञान सृष्टि है।

1064. शिक्षा केवल नौकरी के लिए ही नहीं विज्ञान, विकास और रोज़गार के लिए भी है।

1065. तुम्हारे सामने लडने वाले तुम्हारे दुश्मन है, उनसे आपको नुकसान ही होगा। तुम्हारे साथ रहकर तुम्हारी बुराई चाहने वाले तुम्हारी विरोधी है। इनसे ख़तरा और नुकसान दोनों होंगे।

1066. जिस रास्ते पर तुम चल रहे हो उस पर तुम्हें वापस बुलाने वाले और पीछे की ओर ले जाने वाले होते हैं। उसी तरह तुम्हें आगे चलने को और आगे बढाने को पुकारने के लिए लोग भी होते है।

1067. तुम्हें अपमान तभी होता जब तुम उसे स्वीकार करते हो। सिर्फ इसलिए कि कोई तुम्हें अपमान करता है इसका मतलब ये नहीं है कि तुम अपमानित हो।

1068. तुम्हें संपत्ती को ढूंढना चाहिए न कि उसे लूटना चाहिए।

1069. जब आप बेहतर नहीं बनना चाहते तो जो आपको बेहतर बनाते हैं, चाहे वे कितने भी महान हों बर्बाद हो जाते हैं।

1070. चाहे तुम पत्थर ही क्यों न हो, चमकोगे तो मोती बन जाओगे। यदि आप प्रकाश साझा करते हैं, तो आप हीरा बन जाते हैं।

1071. जिन लोगों में डर है वे ही भेदभाव दिखाएंगे और भेदभाव का गुज़रना होंगे।

1072. कोशिश के साथ अनुभव आता है।

अभ्यास से क्षमता मिलती है।

1073. एक आदमी किसी दूसरे आदमी से कम या ज़्यादा नहीं होता। उनके शरीर से, विचार से, बातें से और क्रिया में ही न्यूनाधिक होती है।

प्रेम, दोस्ती

प्रेम, लाईक, पसंद, दोस्ती

1074. सभी रिश्तों का स्रोत - प्रेम है।

1075. सभी रिश्तों से पाने वाले, सभी रिश्तों को वितरण वाले - प्रेम है।

1076. अगर तुम्हें प्रेम है तो उसे बताना चाहिए। इसके अलावा, प्रेम तुमको और जिन्हें तुम प्रेम करना चाहते हैं, उन्हें व्यक्त करने पर भी नहीं मिलेगा।

1077. जो तुम्हें प्रेम नहीं करते हैं उन्हें प्रेम करो, लेकिन उन लोगों की कद्र मत करो जो आपकी कद्र नहीं करते।

1078. अगर तुम में प्रेम है इसका उदाहरण यह है कि तुम्हें हर प्राणी कीमति लगता हैं।

1079. अगर तुम को खुद से प्रेम नहीं है तो तुम दूसरों को प्रेम नहीं कर सकते है।

1080. तुम्हारे प्रेम का सफलता सिर्फ साथ रहना नहीं है, बल्कि जिससे तुम प्रेम करते हो उसे एक अच्छी जिंदगी देना है, चाहे वह तुम्हारी वजह से हो या दूसरों की वजह से।

1081. अगर तुम में प्रेम है तो तुम दूसरों को क्षमा कर सकते हो।

अगर तुम में प्रेम नहीं है तो तुम लाईक करने वालों को भी क्षमा नहीं कर सकते हो

1082. अगर तुम किसी से प्रेम करते हैं तो तुम्हारा प्रेम की मूल्य इससे नहीं होती कि तुम उसे कितना देते हैं। तुम्हारे प्रेम का मूल्य इस बात पर निर्भर करता है कि तुमने उनके लिए कितना कुछ खोया है।

1083. जो तुमसे प्यार करता है वह तुम्हारे लिए एक उपहार है, तुम प्रेम करने वालों को तुम ही उपहार हो, दिन और उपहार आपसे अधिक मूल्यवान नहीं हैं।

1084. अगर तुमको लगता है कि तुम किसी से प्रेम करते हो या फिर कोई तुम्से कह रहा है कि वह तुम्हें प्रेम करता है तो सबसे पहले तुम्हें यह जानना होगा कि प्रेम का मतलब क्या है।

1085. अगर तुम्हारा साथी तुमसे प्रेम करता है तो तुम्हारी जिंदगी आनंदित रहेगी।

अगर तुम्हारा साथी उसकी जो तुम्हारे पास है आशा करेंगे तो तुम्हारा जीवन अधूरा रहेगा।

1086. अपने साथी को अपनी पसंद के अनुसार बदलें, लेकिन हर उस व्यक्ति जिसे आप पसंद करते हैं से प्यार न करें जिसे अपने साथी।

1087. जो तुम्हें प्रेम करते है वे तुम्हारे पसंद के अनुसार बदल सकते है, लेकिन जिन्हें तुम पसंद करते हो वे तुम्हें प्रेम नहीं कर सकते हैं।

1088. जिसे तुम प्रेम करते हो उसे तुम प्रेम वितरण करो, लेकिन अपनी ज़िन्दगी खो मत देना।

1089. जो लोग आपकी खामियों के कारण आपको समझ नहीं पाते, वे वो नहीं हैं जो आपसे प्यार करते हैं।

1090. जो लोग आपसे प्यार करते हैं वे आपको धोखा नहीं दे सकते।

जो लोग आपको धोखा देते हैं वे आपसे प्यार नहीं कर सकते।

1091. प्रेम बहुत ही ताकतवर और शक्तिशाली है। उसे सिर्फ ईमानदारी लोग ही बरकरार रख सकते हैं और जारी रख सकते हैं।

1092. अगर आप समझ गए कि प्यार क्या है, तो आपको पता चल जाएगा कि कैसे प्यार करना है और किससे प्यार करना है। जो व्यक्ति यह जानता है कि प्रेम क्या है वह अपनी क्षमता के आधार पर अपने माता-पिता, पत्नी और बच्चों, रिश्तेदारों, दोस्तों और समाज में प्रेम वितरण कर सकता है।

1093. प्रेम सब को लगता है। लेकिन वह ईमानदारी और यधार्थता लोगों में ही परिपूर्ण होती है।

1094. यदि प्रेमियों के बीच भरोसा है, तो वह उन दोनों के बारे में है। प्रेमियों के बीच विश्वास होता है तो वह बात प्रेम के बारे में है।

1095. प्रेम दो दिलों के बारे में है और शादि दो शरीर के बारे में है। अगर ये दोनों एक ही व्यक्ति के साथ हो तो ख़ुश और आनंद मिलता है।

1096. अगर प्यार दो लोगों के बीच संबंध बनाता है, भले ही वे एक साथ न हों, तो भी उनके बीच प्यार रहेगा और संबंध जारी रहेगा। जो लोग प्यार के लिए एक साथ आते हैं तभी संबंध जारी रहेगा जब वे जुड़े रहते हैं।

1097. अगर प्रेम किसी को जोड़ता है, तो प्रेम के अलावा कुछ भी उन्हें अलग नहीं कर सकता।

1098. जो लोग सोचते हैं कि वे प्रेम में हैं, उन्हें कुछ भी अलग कर सकता है।

1099. प्रेम हालतें, जरूरतें, श्रम, अपमानों के सामने झुकती नहीं है।

1100. एक दुसरों को समझने के बाद प्रेम पैदा नहीं होता, जागरूकता ही पैदा होती है। प्रेम होने के बाद एक दूसरों को समझाता है- वही प्रेम है।

1101. प्रेम एक व्यक्ति में विश्वास, प्रतीक्षा, सब्र पैदा करता है।

1102. बिना शर्तें, बिना सीमाएं, अंत तक रहने वाला - प्रेम है।

1103. प्रेम में बदलाव, अंतर नहीं होता।

1104. प्रेम करने वालों में ही बदलाव, अंतर होते हैं।

1105. एक साल भी एक दूसरे से दूर नहीं रहनेवाले प्रेमियों एक साल भी साथ नहीं रह सकते है।

1106. सबसे ताकतवर और शक्तिशाली काम दूसरों को प्रेम करना। जो भी प्रेम करते है वे कुछ भी कर सकते हैं।

1107. जो ख़ुद को प्रेम नहीं कर सकते है वे किसी और से भी प्रेम नहीं कर सकते है।

1108. जिनके पास धोखा देने का गुण है उसे प्रेम करने से धोखा ही मिलता है।

1109. उन लोगों से प्यार करना जिनके पास व्यक्तित्व नहीं है, उन लोगों के लिए बकवास और अवांछित चीजें पैदा करता है जो उनसे प्यार करते हैं।

1110. जिनके पास प्रेम नहीं है वे कह सकते हैं कि वे प्रेम करते हैं, लेकिन वे प्रेम नहीं कर सकते।

1111. जिनमें प्रेम है वो प्रेम करते उन्हें जो जिनके पास प्रेम है चाहे वे किसी हाल में रहें।

1112. प्रेम अलग है रिश्ते अलग है।

1113. प्रेम के बिना रिश्ता बेजान है।

1114. जिनके पास प्रेम नहीं है उनसे प्रेम की आशा मत करना।

1115. प्रेम उन्हीं से मिल सकता है जिनके पास प्रेम है।

1116. जिनके पास प्रेम है वे सभी से प्रेम कर सकते है।

1117. जिनके पास प्रेम नहीं है वे किसी से भी प्रेम नहीं कर सकते है।

1118. एक प्रेमहीन रिश्ते में जिम्मेदारी या अभिनय शामिल होता है।

1119. देने से प्रेम का मूल्य नहीं बढता।

न देने से प्रेम का मूल्य कम नहीं होता।

1120. सभी एक ही तरह प्रेम को अभिव्यक्त नहीं करते है या दिखाते हैं।

1121. जिनके पास प्रेम है उन्हें दूसरों से प्रेम की उम्मीद करने की ज़रूरत नहीं है।

1122. जिनके पास प्रेम है वे दूसरों को प्रेम करते हैं और वितरण करते हैं। लेकिन वे दूसरों से उम्मीद नहीं रखते।

1123. जिनके पास प्रेम है उनके पास लालच और बुरे इरादे नहीं होता।

1124. जिनके पास प्रेम है उनमें विश्वास, सब्र, सहनशीलता, त्याग, क्षमा, सेवा, करुणा होता है

1125. जिनके पास प्रेम है उनमें घृणा नहीं होता है, लेकिन बदला और प्रतिशोध होती है।

1126. जिन लोगों में प्रेम होता है उनके पास प्रेम और रिश्ते दोनों होते हैं।

 जिन लोगों के पास प्रेम नहीं होता उनके पास सिर्फ रिश्ते होते हैं।

1127. प्रेम के लिए भाषा है।

1128. प्रेम में डर नहीं होता।

1129. प्रतीक्षा से प्रेम बढता है।

1130. प्रेम भरी सज़ा प्रशिक्षण बन जाती है।

1131. जैसे शरीर के जान है वैसे जिन्दगी के लिए प्रेम है।

1132. घृणा और प्रेम एक ही जगह नहीं रह सकता।

1133. अगर तुम में प्रेम नहीं है तो आपका जीवन व्यर्थ हो जाएगा।

1134. जो लोग नहीं जानते कि प्रेम क्या है, वे इसे नाम देते हैं - मासूमियत।

1135. जो लोग नहीं जानते कि प्रेम क्या है, वे प्रेम के बारे में एक ही दिन में निर्णय लेना चाहते है।

1136. प्रेम ही जिंदगी है, लेकिन सिर्फ लड़के और लड़की के प्रेम ही जिंदगी नहीं है।

1137. प्रेम कोई ऐसी चीज़ नहीं है जो दूसरों को देखकर आया होता। प्रेम ऐसी चीज़ है जो आपको उन लोगों से मिलता है जिनके पास प्यार है, कुछ ऐसा जो तुममें है, और कुछ ऐसा जिसे आप किसी और के साथ साझा करते हैं।

1138. दूसरों को देखकर लाइक, पसंद, उत्साह का अहसास होता है।

 दूसरों के साथ रहने पर निकटता, लगाव, अनुभूति का अहसास होता है।

1139. रूप से - लाइक,

व्यवहार से - पसंद,

तुमसे - प्रेम मिलता है।

1140. लाइक, पसंद - अस्थायी, प्रेम - स्थायी

1141. दूसरों से जो आता है वह है - लाइक, पसंद।

जो तुमसे आता है वह है - प्रेम।

1142. देकने की अच्छी होगी तो ही लाइक रहती है।

व्यवहार अच्छा होने पर ही पसंद रहती है।

प्रेम हर हाल में रहता है।

1143. दोनों के बीच प्रेम है तो आनंद रहती है।

दोनों के बीच पसंद है तो खुशी रहती है।

दोनों मिलके रहती है तो सुख रहती है।

1144. यदि तुम अपनी पसंदीदा व्यक्ति को खो देते हो तो तुम्हें दुख होगा।

यदि तुम किसी ऐसे व्यक्ति को खो देते हो जिससे तुम प्रेम करते थे तो तुम रिश्ता भी खो देंगे।

1145. प्रेम- सार्वत्रिक, इच्छा -व्यक्तिगत।

1146. जिनमें प्रेम है वे ईमानदारी लोगों से शादी करो।

जिनमें प्रेम नहीं है वे उन लोगों से शादी करो जिनके पास वह है जो तुम्हे पसंद है।

1147. जिनमें प्रेम है वे सब को प्रेम कर सकते है लेकिन सब को पसंद नहीं सकते।

जिनमें प्रेम नहीं है वे किसी को प्रेम नहीं कर सकते और अपने पसंदीदा व्यक्तियों से ही पसंद कर सकते है।

1148. एक व्यक्ति उन लोगों को पसंद करता है जिनके पास वह है जो उन्हें पसंद है।

1149. एक व्यक्ति ख़ुद से ज़्यादा दूसरों का पसंद कर सकता है। लेकिन एक व्यक्ति ख़ुद से ज़्यादा दूसरों को प्रेम नहीं कर सकता है।

1150. पसंद पाने जैसा है, प्रेम देने जैसा है।

1151. एक पसंद भरे रिश्ते में खुशी, कठिनाइयाँ और दर्द होती है।

एक प्रेम भरे रिश्ते में आनंद, क्षमा और विश्वास होता है।

1152. यदि तुम पसंद करोगे तो तुम आशा करते है

यदि तुम प्रेम करोगे तो समर्पण करते हैं।

1153. सभी पसंद कर सकते है लेकिन सभी प्रेम नहीं कर सकते है।

1154. पसंद सब में होती है, लेकिन सब में प्रेम नहीं होता।

गुस्सा सब में होती है, लेकिन घृणा सब में नहीं होता।

1155. दूसरों से लाइक मिलती है। दूसरों से पसंद मिलती है। दूसरों से प्रेम भी मिलती है। लेकिन दूसरों को देखने से प्रेम नहीं होता।

1156. प्रेम, दोस्ती दोनों बहुत मूल्यवान हैं। मूल्य को पहचान न करने वाले ही उसे उपयोग करते है। मूल्य को पहचानने वाले ही उसकी सहायक बनते है।

1157. प्रेम, दोस्ती के लिए धन, शारीरिक आशाएं छोड देना चाहिए न कि धन, शारीरिक आशाएं के लिए प्रेम, दोस्ती जैसे शब्दों उपयोग न करें।

1158. प्रेम, दोस्ती का महान ताकत ये है कि वे कितनी भी बडी गलति को भी माफ कर देता है। लेकिन छोटी सी विश्वासघात को बर्दाश्त नहीं कर सकता।

1159. किसी चीज़ें को आशा करके दोस्ती करने वाले, चाहने वाले प्रेम, दोस्ती का अनुभव नहीं कर सकते हैं।

1160. ख़ुद में प्रेम नहीं रखने वाले प्रेम को ही नहीं दोस्ती को भी न्याय नहीं पहुंच पाएंगे।

1161. प्रेम सब पर दिखा सकते है लेकिन दोस्ती को सबसे नहीं कर सकते हैं।

1162. दोस्ती करने वाले सभी में प्रेम नहीं होता।

दोस्ती करने वाले सभी प्रेम नहीं कर सकते।

1163. प्रेम सार्वत्रिक है, दोस्ती व्यक्तिगत है।

1164. कोई भी प्रेम, दोस्ती का मूल्य को ऊंचा या नीचा नहीं कर सकता।

1165. दोस्त वो है जो तुम्हें क्या देने के लिए सोचता है। तुमसे आशा करनेवाले तुम्हारी दोस्त नहीं होते।

1166. सही दोस्त के साथ तुम खुश रहते हो। सुधारेगा वाले दोस्त के साथ तुम आगे बढ़ते हो।

1167. जो लोग तुम्हारे गलतियों के कारण तुमको नहीं समझ सकते, वे तुम्हारे मित्र नहीं हैं

1168. जरूरतों के लिए किसी व्यक्ति के साथ घूमना-फिरना व्यभिचार है।

किसी इंसान को दिल से पसंद करके उसके साथ समय बिताना दोस्ती है।

1169. दोस्ती अनेक रिश्तों में एक है।

1170. जो लोग तुम्हें वैसे नहीं देख सकते जैसे तुम हो, वे तुम्हारे मित्र नहीं हैं।

1171. बिना आत्म-सम्मान और अंतरात्मा की आवाज न सुनने वाले लोग मित्र नहीं हो सकते।

1172. अंतरात्मा की आवाज सुनने वाले दो लोग एक साथ जिया रह सकते। अंतरात्मा की आवाज न सुनने वाले दो लोग एक साथ जीना रह सकते। मगर एक अंतरात्मा की आवाज सुनने वाला और एक न सुनने वाला एक साथ नहीं रह सकते, जिया नहीं सकते।

1173. अगर एक दूसरे क साथ रहना है तो उनमें विश्वास, सब्र, सहनशीलता, त्याग होनी चाहिए।

1174. एक पुरुष और एक महिला तीन चीजों के कारण एक जोड़े बनते हैं - प्रेम, दोस्ती और वासना। एक जोड़ा क्या बनाता है यह इस बात से पता चलता है कि किस के कारण एक जोड़े बनते। सभी जोड़े प्रेम जोड़े नहीं होते।

1175. यदि महिला और पुरुष युगल बन रहे हैं:-

1. यदि वासना कारण हैं तो वे उनके शरीर एक करता हैं।

2. यदि दोस्ती कारण हैं तो एक दूसरे की जरूरतों को पूरा करता हैं।

3. यदि प्रेम कारण हैं तो एक दूसरे के लिए रहते हैं।

समाज

- 1 -

सत्य, न्याय, धर्म

1176. सत्य, न्याय और धर्मि का कोई विकल्प नहीं है।

1177. जो सत्य नहीं है वह असत्य है।

जो धर्म नहीं है वह अधर्म है।

जो न्याय नहीं है वह अन्याय है।

1178. जहां सत्य नहीं वहां असत्य फैलता है।

जहां धर्म नहीं, वहां अधर्म फैलता है।

जहां न्याय नहीं होता वहां अन्याय फैलता है।

1179. प्रेम और सत्य क्या हैं, यह जाने बिना भी कोई व्यक्ति अपना जीवन समाप्त कर सकता है।

1180. जिनके पास अंतरात्मा की आवाज है वे सत्य को स्वीकार कर सकते हैं।

जिनके पास अंतरात्मा की आवाज है वे सत्य को स्वीकार नहीं करते हैं।

1181. केवल मेरे लिए और केवल हमारे लिए प्रतिबद्धताएँ और रिवाज जैसे चीजों धर्मि या सत्य नहीं हैं। वे सभी लोगों पर लागू नहीं होते।

1182. सभी योग्य व्यक्तियों को अनुमति देना - न्याय है।

1183. श्रेष्ठता प्राप्त लोगों को प्रधानता देना- धर्म है।

1184. न्याय और धर्म कभी भी मूल्य कभी नहीं खोएगा।

1185. जो न्याय और धर्म का पालन सकते हैं उनका मूल्य रहते है।

1186. जो न्याय और धर्म का पालन नहीं करते है वे मूल्य खो देते है।

155

1187. अन्याय और गैरकानूनी के प्रति समझौता ही असली कमजोरी है।

1188. धर्म दो प्रकार होते है-

    1. श्रेष्ठता प्राप्त लोगों को प्रधानता देना

    2. बलवान लोग कमजोरों को समर्थन करना

1189. जहां न्याय नहीं वहां अंतर होती है।

    जहाँ धार्मि नहीं वहाँ असमानता है।

1190. जहां न्याय नहीं वहां धर्म नहीं होता।

1191. जो लोग न्याय से नहीं जीते, वे धार्मि से नहीं जी सकते।

-2-

समाज, दुनिया, व्यवस्था

1192. अगर तुम नहीं बदलोगे तो समाज कैसे बदलेगा? जब तुम बदलोगे तो ही समाज भी बदलेगा।

1193. यदि तुम समाज के एक हैं तो तुम्हें अपनी क्षमताओं के अनुसार समाज के लिए कुछ अच्छा काम करना चाहिए।

1194. यदि तुम समाज के प्रति अपनी जिम्मेदारी दिखाते हो तो समाज आपका सम्मान करेगा।

1195. समाज को जानना, समाज को सही ढंग से बदलना ये दो अनिवार्य जिम्मेदारियां - छात्र और युवाओं का है।

1196. समाज में हर कोई इंसान के रूप में पैदा होता है। लेकिन हर कोई इंसानों की तरह जिया नहीं करता।

1197. समाज में सम्मानपूर्वक, खुशी से रहने का मतलब यह नहीं है कि कोई काम न करे और बिना किसी परेशानी के जीवन जीयें।

1198. समाज में अच्छी परिस्थितियों में रहने वाले लोग और बुरी परिस्थितियों में रहने वाले लोग रहते हैं।

1199. समाज में अच्छे लोग रहते हैं और अच्छी तरह रहने का बहाना करने वाले भी रहते हैं।

1200. समाज में भलाई से अधिक आवश्यकता को महत्व दिया जाता है।

1201. जो लोग समाज के प्रति गैरजिम्मेदार हैं उन्हें समाज में सम्मान नहीं मिलेगा।

1202. समाज उन लोगों को महत्व नहीं देता जो समाज को महत्व नहीं देते।

1203. समाज में जीने के लिए बुद्धि और धन की आवश्यकता होती है। समाज को बदलने के लिए ज्ञान और विश्वास आवश्यकता होती है।

1204. जो लोग बिना स्वयं को बदले समाज को बदलना चाहते है वे असफल हो जायेंगे।

1205. समाज में दो तरह के लोग खुश रहते हैं:-

   1. जो लोग संक्षिप्त मार्ग, धोखाधड़ी और दुराचारओं की मदद से पाकर करके खुश रहेंगे।

   2. जो लोग नियमशीलता, ईमानदारी, यधार्थता से पाकर करके आनन्दित रहेंगे।

1206. लोगों का सामाजिक जीवन सरकार पर निर्भर करता है। लोगों का निजी जीवन जात, रीति-रिवाजों पर निर्भर करता है।

1207. जीवन उन लोगों के लिए नरक होगा जो इस दुनिया में बिना किसी परेशानी के खुशी से रहना चाहते हैं। इस दुनिया में नैतिकता और ईमानदारी से जीवन जीने से मेहनत सहने वालों का जीवन स्वर्ग बन जाता।

1208. यह दुनिया उन्हीं से डरती है जो इस दुनिया से नहीं डरते।

1209. व्यवस्था हमेशा परिवर्तन की मांग करती है, लेकिन परिवर्तन नहीं होता। लोग बदल सकते हैं लेकिन नहीं बदलते। व्यवस्था तभी बदलती है जब लोग बदलते हैं।

1210. अच्छाई और बुराई पेशे, व्यवसायों, क्षेत्रों में नहीं, बल्कि लोगों में होती है।

1211. व्यवस्था नहीं ख़राब होता बल्कि व्यवस्था में लोग ख़राब होता हैं।

1212. एक व्यक्ति मनुष्यों से घृणा करते हुए अपने देश से प्रेम नहीं कर सकता।

1213. जिनमें मानवता नहीं उनकी देशभक्ति नहीं होगी।

1214. देशभक्ति से ज़्यादा मानवता महान है।

3

ज्ञान, अज्ञान, बुद्धिमत्ता, मूर्खता

1215. सिद्धांतों का स्रोत ज्ञान है।

1216. बुद्धि से परिवर्तन - अस्थायी।

ज्ञान से परिवर्तन - क्रांतिकारी।

1217. बुद्धि सब के पास होता है।

ज्ञान कुछि लोग के पास होता है।

1218. जिनके पास ज्ञान है वो समझा देंगे।

जिन लोगों के पास अज्ञान है वे बहस करेंगे।

1219. स्पष्टीकरण से संदेह दूर हो जाता है। बहस शंका पैदा करते हैं।

1220. ज्ञानी लोग कभी भी हिंसा की अपेक्षा नहीं करते और उसे प्रोत्साहित नहीं करते।

1221. किसी के पास बुद्धि हो सकती है लेकिन ज्ञान नहीं।

किसी के पास बुद्धि, विज्ञान हो सकती है लेकिन ज्ञान नहीं।

1222. बुद्धिमत्ता वह है हर जीवित प्राणी में जीवित रहने के लिए सामान्यतः होती है।

विज्ञान वह है जो अपने आस-पास अतीत और वर्तमान की चीज़ों पर आता है।

ज्ञान वह है जो व्यक्ति स्वयं ही जानता है।

1223. बुद्धि हर एक प्राणी में होती है।

ज्ञान केवल मनुष्य में ही होती है।

1224. ज्ञानी लोग में घृणा नहीं रहता है।

अज्ञानी लोग में ही घृणा रहता है।

1225. जो अज्ञानी हैं वे मानसिक रूप से अंधे हैं।

1226. अज्ञान के प्रमुख लक्षण हैं-

    1. वह सोचता है कि वह सब कुछ जानता है।

    2. वह सोचता है कि दूसरे लोग उससे कम जानते हैं।

1227. अज्ञानता और अवसरवादिता से असत्य पैदा करती है।

1228. जो लोग सोचते हैं कि दूसरे लोग वैसा ही होंगे जैसा वे अनुमान लगाते हैं, वे अज्ञानी हैं।

1229. अज्ञानी के कामों में -

    1. रचनात्मकता नहीं होगा

    2. विकास नहीं होगा

    3. ईमानदारी नहीं होगा

1230. अज्ञानी लोग भविष्य नहीं पहचानते और अनुमान भी नहीं लगा सकते है।

1231. अज्ञानी लोग समय को बरबाद करते है।

1232. अज्ञानी लोग से समय बिताने वाले भी अपने समय को बरबाद करते हैं।

1233. बिना अंतरात्मा की आवाज से बहस करने वाले मूर्ख है, उनसे बहस करने वाले भी मूर्ख होते है।

1234. अन्धविश्वास का अर्थ है -

    1. यह सोचकर कि जैसा एक बार हुआ, वैसा ही हर बार होगा।

    2. यह सोचना कि जो एक व्यक्ति के साथ हुआ वह सभी के साथ हो रहा है

1235. किसी मूर्ख को बार-बार बदलने की कोशिश करना मूर्खता है।

1236. एक बुद्धिमान व्यक्ति दूसरी बार सीखता है इसीलिए ठीक हो जाता है।

1237. नासमझ व्यक्ति जानने का दिखावा करता है इसीलिए पतन जाता है।

1238. बदलाव उनके लिए है जो बदलाव चाहते थे, जो बदलनाव होने के कोशिस करते है। लेकिन मूर्खों के लिए नहीं है।

4

नैतिक, अनैतिक, अच्छा, बुरा

1239. भ्रष्टाचार करने वाले सभी लोग दुष्ट नहीं होते, वे शक्तिहीन होते हैं। शक्ति के अभाव के कारण वे भ्रष्टाचार में शामिल होते हैं।

धर्मी लोग असमर्थ नहीं होते, वे शक्तिशाली होते हैं। चूंकि वे शक्तिशाली हैं, इसलिए वे भ्रष्टाचार में शामिल नहीं होते।

1240. धर्मी लोग अच्छे लोगों को अच्छा और बुरा लोग को बुरा नज़र आते हैं।

1241. दुष्ट लोग जीवन भर कष्ट उठाते रहेंगे; धर्मी लोग तब तक ही कष्ट रहेंगे जब तक वे अपने नैतिक का मार्ग को न जान लेते।

1242. अच्छे कर्म करने वाले सभी लोग अच्छे लोग नहीं होते। अच्छे दिल वाले लोग ही अच्छे लोग होते हैं।

1243. अच्छे लोग वे होते हैं जो किसी को भी भला करते हैं।

1244. जो लोग कुछ लोगों को भला करते हैं और कुछ लोगों को बुरा करते हैं वे अवसरवादी होते हैं

1245. दूसरों को बुरा, हानी पहुंचनेवालों के जीवन नाश होता है।

1246. दूसरों को हानी न पहुंचाना अच्छी बात है।

दूसरों को भलाई करना महान बात है।

1247. जहां बुराई अधिक होती है, वहां अच्छाई देर से पता चलता है।

जहां बुराई मज़बूत होती है, वहां अच्छाई देर से घटित आती है।

1248. उन लोगों से, जो नहीं जानते कि अच्छा क्या है और जो चाहते हैं कि उनके माध्यम से ही अच्छा हो, अच्छा हो भी सकता है और नहीं भी और बुरा भी हो सकती है, जो दोनों एक ही व्यक्ति में मौजूद हो भी सकती हैं और नहीं भी।

1249. जो लोग कारण, अवसरों का बनाएं करके गलतियाँ करते हैं वे दुष्ट हैं।

1250. अच्छे लोग बुराई में भी अच्छाई ढूंढते हैं।

बुरे लोग अच्छे में भी बुरा ढूंढते हैं।

1251. जब कोई अच्छा रास्ता नहीं होता, अच्छे रास्ते का पता नहीं चलता, तो बुरा रास्ता में जाता है।

1252. व्यक्तिगत रूप से यदि किसी की आदतें अच्छी हैं लेकिन वह दूसरों के साथ बुरा करता है, तो उसके साथ बुरा ही होता है।

व्यक्तिगत रूप से यदि किसी में बुरी आदतें हैं लेकिन वह दूसरों के साथ अच्छा करता है, तो उसके साथ अच्छा ही होता है।

1253. जो लोग अच्छे और बुरे में अंतर जानना नहीं सकते, वे बुरे लोग नहीं हैं।

जो लोग अच्छे और बुरे में अंतर जानना सकते हैं लेकिन बुरे काम करते हैं वे बुरे लोग हैं।

1254. अच्छे काम करने के लिए कारण कि ज़रूरत नहीं है। लेकिन बुरे काम करने के लिए कारण कि जरूरत है। इसलिए एक व्यक्ति बुरे काम करने से पहले कारण ढूढते है।

1255. जो सीमा में हैं वे अच्छे हैं और जो सीमा से बाहर हैं वे बुरे हैं।

1256. जिनके पास बुरी चीजें हैं वे अच्छी चीजों पर ध्यान केंद्रित नहीं कर सकते हैं।

1257. बुरे लोग और दूसरे लोगों द्वारा बिगाड़े गये लोग एक जैसे नहीं होते।

1258. जो लोग बिगड़ चुके हैं उन्हें दुःख और पीड़ा सहने की कोई आवश्यकता नहीं है। उनका कर्तव्य उन्हें फिर से अच्छा बनाना है।

1259. जिन्हें बुरे काम अच्छे लगते हैं वे बुरे होते हैं।

जिन्हें अच्छे काम अच्छे लगते हैं वे अच्छे होते हैं।

1260. दुष्टों और उनके की संगत से निस्सहायों और निर्बलों की संगत अच्छी होती है।

1261. कुछ लोगों के अंदर इतना प्यार होता है जो जिंदगी दे सकता है। कुछ लोगों में इतनी नफरत होती है कि वे हत्या तक कर देते हैं।

1262. एक इंसान द्वारा किया जाने वाला सबसे बुरा काम - दूसरे इंसान को मारना है जिसे कोई नुकसान नहीं पहुँचाया गया है।

1263. एक आदमी जो सबसे बुरा काम कर सकता है वह है - दूसरे आदमी को नुकसान पहुंचाना जिसने खुद को नुकसान नहीं पहुंचाया गया है।

1264. समय उन लोगों का अधिक ख़र्च होगा जो गलत कार्य करते हैं -

   1. उस काम करने का एक कारण स्थापित करना के लिए।

   2. उस काम को करने के लिए

   3. उस काम को छुपाने के लिए

1265. जो लोग गलत करने से डरते हैं वही अच्छा करने का हिम्मत रखते हैं। जो लोग गलतियाँ करते हैं और उन पर पर्दा डालते हैं वे ख़राब और कमजोर हो जाते हैं

1266. जो लोग दुष्टों की बातों को महत्व देते हैं वे भी दुष्ट हैं।

1267. नीच लोगों से डरना भी नीच ही है।

1268. यदि कोई लोग सत्य और सत्य का आचरण करने वालों का विरोध करते हैं तो वे निश्चय ही कमजोर, दुष्ट, बुरे अथवा नीच हैं।

1269. गलती करने वाले - कमजोर होते हैं।

   बुराई करने वाले - नीच लोग होते हैं।

1270. जो लोग क्षमा पाने की अवसर खोकर भी दूसरों पर दोषारोपण करते हैं, वे दुष्ट हैं।

1271. पापी वे हैं जो बुरा सोचते, बुरा बोलते, बुरा काम करते हुए भी यह आशा करते हैं कि उनके साथ अच्छा हो।

1272. विश्वासघात, पाखंड और षडयंत्र केवल नीच लोग ही कर सकते हैं।

झूठ बोलना, धोखा देना केवल कमजोर लोग ही करते हैं।

1273. दुष्ट लोगों के पास शांति, शान्ति और उत्तर नहीं होता।

1274. चाहे जाने अनजाने में -

　　1. जो भ्रष्टाचार करते हैं - वे भ्रष्ट हैं।

　　2. जो धोखा, विश्वासघात करते हैं - वे धोखेबाज हैं।

　　3. षडयंत्रकारी और पाखंड - नीच हैं।

　　4. जो हत्या करते हैं, हत्या करवाते हैं- वे हत्यारें हैं।

1275. दुष्ट लोगों के पास मन की शांति नहीं होती, तब भी जब चीज़ें उनके इरादे के मुताबिक घटित होती हैं या चीज़ें नहीं होतीं।

1276. दुष्ट लोगों की एकता विनाश की ओर ले जाती है - दूसरों के लिए या स्वयं के लिए।

धर्मी लोगों की एकता से भलाई की ओर ले जाती है - दूसरों के लिए या स्वयं के लिए।

1277. धर्मी लोगों की एकता दुष्ट लोगों की एकता से महान है।

1278. जिनके पास अंतरात्मा की आवाज नहीं है वे स्वयं को और दूसरों को भी धोखा देते हैं

1279. जिनके पास अंतरात्मा की आवाज नहीं है वे विपरीत काम करते हैं। दूसरों के साथ करवाते है।

1280. स्वाभिमानी लोग स्वयं को धोखा नहीं दे सकते।

जिनके पास आत्मसम्मान नहीं है वे ख़ुद को धोखा दे सकते।

1281. ईमानदारी लोगों की बुद्धि भ्रष्टाचार लोगों की बुद्धि से अधिक मजबूत और महान होती है।

1282. क्रूर लोगों का पहला और महत्वपूर्ण मार्ग हिंसा है।

1283. जो लोग बार-बार कहने पर भी ध्यान नहीं देते, अपना तरीका नहीं बदलते, बार-बार नुकसान पहुंचाने की कोशिश करते रहते हैं, उन्हें बुराई या विनाश अचानक आ जाएगा।

1284. अशांति जीवन जीना भी बुरे का परिणाम है।

1285. ईमानदारी लोग वे हैं जो अपनी गलतियों को सुधारते हैं और दोबारा न दोहराने का प्रयास करते हैं।

भ्रष्टाचार लोग वे हैं जो अपना बचाव करके अपनी गलतियों को छिपाते हैं और दोहराते हैं।

1286. जिनके पास प्रेम है वे दूसरों की मदद करके खुश होते है।

जिनके पास नफरत हैं वे दूसरों का बुरा करके खुश होते है।

1287. जो लोग अच्छा करने वालों के साथ अच्छा करते हैं - वे श्रेष्ठ होते हैं।

जो लोग अच्छे कर्म और कर्ता को भूल जाते हैं - वे हीन लोग हैं।

जो लोग भलाई करने वालों को बदले में बुराई करते हैं, - वे नीच हैं।

1288. जो अच्छों लोग को बचा सकते वालों को ही बुरों लोग को दंड देना का अधिकार है।

1289. जो लोग महान कहलाने के लिए दूसरों को अपने पास जो कुछ है वह दिखाते हैं।

महान लोगों के पास जो कुछ भी होता है उसमें से दूसरों को बंटते हैं।

1290. सभी लोग जो कठिनाइयों अनुभव करना महान नहीं होते।

कठिनाइयों पर काबू पाने वाले ही महान होते।

1291. महान लोगों में अच्छे गुण होते हैं। लेकिन वे सभी लोग महान नहीं होते जिनमें अच्छे गुण होते हैं।

1292. महान चीजों को स्वीकार किए बिना कोई कभी महान नहीं बन सकता।

जो चीजें दूसरों के लिए उपयोगी नहीं हैं वे महान नहीं बन सकता।

जो लोग दूसरों के लिए उपयोगी नहीं हो सकते वे कभी महान नहीं हो सकते।

1293. जिनमें त्याग और हिम्मत है वे अवश्य महान काम कर सकते हैं।

1294. कीड़े और जानवर मनुष्यों को मारने से कीड़े और जानवरों मनुष्यों से महान नहीं हो सकते हैं। एक मनुष्य दूसरे मनुष्य की हत्या करके कभी भी समाज में महान नहीं बन सकता।

आत्मविश्वास, आत्मसम्मान

1295. जिन लोगों में आत्मविश्वास नहीं है वे परिस्थितियों के अधीन रहेंगे।

जिन लोगों में आत्मविश्वास है परिस्थितियों से परे जीएंगे।

1296. जिन लोगों में भरोसा नहीं होता वे अपनी तुलना दूसरों से करते हैं और दूसरों पर निर्भर रहते हैं।

1297. लोग दो प्रकार के होते हैं-

    1. जो आत्मसम्मान रखते हैं।

    2. जो अवसरवादिता रखते हैं।

1298. जो लोग में ईमानदारी नहीं हैं उनमें आत्मसम्मान नहीं होता।

1299. जिनके पास आत्मसम्मान नहीं है उनका कोई मूल्य नहीं है।

1300. जिन लोगों में आत्म-सम्मान नहीं होती है, वे दूसरों को मूल्य नहीं देते हैं।

1301. जिन लोगों में आत्म-सम्मान नहीं होती है वे अवसरवादी होते हैं।

1302. जिन लोगों में आत्म-सम्मान नहीं होती है उनके पास अवसरवादिता के अलावा कोई प्रेम नहीं होता।

तत्त्वज्ञान, व्यक्तित्व

1303. अगर किसी व्यक्ति को महत्व दिया गया लेकिन उसके व्यक्तित्व और विचारों को महत्व नहीं दिया गया तो यह स्नेह नहीं बल्कि आवश्यकता है।

1304. जिन लोगों का व्यक्तित्व नहीं होता वे दूसरों से अपनी तुलना करते हैं।

1305. यदि मनुष्य को मनुष्य की तरह नहीं जिया जाता तो यह कुरूपता है।

1306. मानसिक रूप से विकलांग लोग दूसरों पर निर्भर रहते हैं और दूसरों पर ईर्ष्या महसूस करते हैं।

1307. व्यक्तित्व विहीन व्यक्ति का मूल्य नहीं होता।

1308. किसी दो लोगों की इच्छाएं एक जैसी हो सकती हैं। लेकिन दोनों व्यक्तित्व एक जैसे नहीं हो सकते।

किसी दो लोगों की व्यक्तित्व एक जैसी हो सकती हैं। लेकिन दो लोगों की इच्छाएं एक जैसे नहीं हो सकते।

1309. यदि आप किसी व्यक्ति के बारे में जानना चाहते हैं तो आपको यह जानना चाहिए कि वह क्या जानता है।

1310. जो व्यक्तित्व सोने और पैसे के आगे नहीं झुकता वह सोने और पैसे से भी महान है।

1311. अगर आंखों के लिए दृष्टि न हो, आदमी के लिए व्यक्तित्व न हो तो उसका कोई मूल्य नहीं है।

1312. व्यक्ति का तत्त्वज्ञान ही उसका व्यक्तित्व कहलाता है।

1313. यदि किसी का तत्त्वज्ञान देवत्व है - भगवान का मनुष्य।

यदि किसी व्यक्ति का तत्त्वज्ञान मानवता है - मनुष्य।

यदि किसी व्यक्ति का तत्त्वज्ञान राक्षस है - नररूप राक्षस।

1314. जिनके पास व्यक्तित्व नहीं है वे दूसरों को उनके व्यक्तित्व से नहीं, बल्कि उनके आवश्यकता से महत्व देंते है।

1315. मनुष्य की कथनी और करनी में जितना अधिक अंतर होता है, वह उतना ही अधिक विश्वसनीय नहीं होता।

1316. जिसमें मानवता नहीं है वह इंसान की तरह नहीं रह सकता।

जो मानवता रखता है वही इंसान की तरह जी सकता है।

1317. अच्छे विचार ही अच्छे व्यक्तित्व होते हैं।

अच्छे व्यक्तित्व वाले अच्छे इंसान होते हैं।

अच्छे इंसान ही अच्छा समाज होते हैं।

अच्छे समाज ही अच्छे देश होते हैं।

अच्छे देश ही अच्छी दुनिया होते हैं।

-7-

जीवन

1318. मानव जीवन में अनंत आनंद, अनुभूति होती है। वे तभी होता हैं जब वह मनुष्य कि तरह ही जीवित रहता है।

1319. किसी भी इंसान को जन्म से पहले या जन्म के बाद दूसरे इंसान के जीवन को निर्देशित करने का अधिकार नहीं है।

1320. परंपराएँ और रीति-रिवाज लोगों से अधिक मूल्यवान नहीं हैं क्योंकि वे केवल लोगों के लिए ही अस्तित्व में हैं।

1321. ऐसे लोग हैं जो इंसानों की तरह रहते हैं।

ऐसे लोग हैं जो इंसानों की तरह अभिनय करते हैं

1322. जो लोग अभिनय करके जीते हैं वे स्वयं को खो देंगे।

1323. कुछ लोगों के पास सुख और ख़ुशी हो सकता है। लेकिन उनके पास जीवन और भविष्य नहीं हो सकता है। कुछ लोगों के पास जीवन और भविष्य हो सकता है। लेकिन उन्हें सुख और ख़ुशी नहीं हो सकता है।

जाति, मज़हब, क्षेत्र, संस्कृति

1324. जाति, मजहब, क्षेत्र, धन, विध्या से इन्सान मूल्यवान है। क्यों कि ये सब इन्सान के लिए ही है।

1325. घृणा करने वालों के कारण ही उनके जन्म के देश, उनकी जाति, उनके धर्म और उनके रीति रिवाजों को बदनाम किया जाता है।

1326. जो लोग जाति और मजहब में फंसे हुए हैं वे अपनी स्वतंत्रता खो देते हैं।

1327. जो लोग क्षेत्र, मजहब, जाति और धन से परे रहने वालों को इंसान कहा जाता है।

1328. जिन लोगों में घृणा भरे हैं वे दूसरों से नफरत करने के लिए जाति, धर्म, धन, नस्ल इस्तेमाल करते हैं।

1329. जाति और मजहब को बुरा इसलिए माना जाता है क्योंकि लोग इनका दूसरों को घृणा करने के लिए इस्तेमाल करते हैं।

1330. जाति असत्य है। सत्य तो सभी जगह होती है।

1331. जाति एक मानदंडों है, सत्य नहीं।

1332. अच्छे-बुरे, नैतिकता-भ्रष्टाचार के लिए क्षेत्र, धर्म, जाति, नस्ल, लिंग या उम्र का कोई भेद नहीं है।

1333. जिनके पास अन्तश्चेतना और स्वाभिमान नहीं है वे व्यक्ति, धन, मजहब, जाति या मानदंडों के गुलाम बन जाएंगे।

1334. जिन लोगों में घृणा भरे हैं वे सभी एक ही हैं, चाहे वे किसी भी क्षेत्र, नस्ल, मजहब, जाति के हों।

जिन लोगों में प्रेम भरे हैं वे सभी एक ही हैं, चाहे वे किसी भी क्षेत्र, जाति, मजहब, जाति के हों।

1335. ईमानदारी के साथ रहने वालों को क्षेत्र, मजहब, जाति, धन और अधिकार प्रभावित नहीं कर सकते।

1336. कोई भी व्यक्ति कहीं भी, किसी को पैदा हुआ हो, उसका व्यक्तित्व प्रान्त और हालतें के आधार पर ही प्रभावित होता है।

1337. मजहब व्यक्तिगत जीवन से संबंधित है। पेशा सामाजिक जीवन से संबंधित है।

1338. समाज को यह जानने की जरूरत नहीं है कि एक व्यक्ति किस मजहब का पालन कर रहा है। समाज को व्यक्ति का पेशा जानना जरूरी है।

1339. मजहब और संस्कृति एक ही नहीं है।

विभिन्न मजहब के लोग एक ही संस्कृति में रहते हैं।

विभिन्न संस्कृति के लोग एक ही मजहब में रहते हैं।

संस्कृति, मजहब, आध्यात्मिक मार्ग सब एक ही नहीं हैं।

नेतृत्व

1340. एक नेता कई लोगों का सेवक होता है।

1341. जो नेतृत्व करता है उसे नेता कहा जाता है।

1342. नेतृत्व के गुण कठिनाइयों और सुख से आते हैं। न कि वंशानुगत, धन और शिक्षा से नहीं।

1343. एक नेता में निम्नलिखित गुण होने चाहिए - त्याग, हिम्मत, योजना, ईमानदारी, निष्पक्षता, दूरदर्शिता, विवेक, विज्ञान, मेहनत, सब्र, सहनशीलता, दृढ़ता, समय की पाबंदी, वाक्पटुता, सटीकता।

1344. नेतृत्व अधिकार का संबंधित नहीं है, बल्कि ज़िम्मेदारी का संबंधित है।

1345. नेताओं के पास कोई पेशा नहीं होता, उनके पास केवल लक्ष्य हैं।

1346. जो लोग दूसरों के लिए उपयोगी बनना चाहते हैं वे नेता हैं।

जो लोग दूसरों का उपयोग लेना चाहते हैं वे धोखेबाज हैं।

1347. जो लोग दूसरों के लिए काम नहीं कर सकते वे नेता नहीं बन सकते।

जो लोग पक्षपाती हैं वे नेता नहीं बन सकते।

1348. बिना नेताओं वाला प्रजा निम्नीकरण के ओर चलते हैं।

विवाह

1349. विवाह स्त्री-पुरुष का मेल नहीं ही बल्कि दो दिलों का मिलन है।

1350. विवाह के लिए वर-वधू के लिए आवश्यक मुख्य योग्यताएँ - पवित्रता, विश्वास, प्रेम।

1351. विवाह के लिए वर-वधू के लिए महत्वपूर्ण योग्यता -

दूल्हे के लिए:-

1. दिल जो पत्नी से प्यार कर सकता है।
2. अपनी पत्नी को पोषण करने का शक्ति
3. क्षमा और अंतरात्मा की आवाज
4. कठिनाइयों और सुखों का अनुभव करने के लिए धैर्य और सहनशीलता के साथ मन

दुल्हन के लिए

1. दिल जो पति से प्यार कर सकता है
2. पति के विनम्र आज्ञापालन
3. क्षमा और अंतरात्मा की आवाज
4. कठिनाइयों और सुखों का अनुभव करने के लिए धैर्य और सहनशीलता के साथ मन लेकिन मजहब, क्षेत्र, जाति, पेशा, धन नहीं।

1352. विवाह में, पुरुष या महिला जो कुछ भी लाते हैं उसे अनुमति दे सकते हैं, लेकिन पुरुष या महिला विवाह करने के लिए किसी भी चीज़ की अपेक्षा नहीं करनी चाहिए।

1353. दहेज नहीं लेना चाहिए क्योंकि यह मनुष्य के मूल्य का पता चलता है। मनुष्य से अधिक मूल्यवान कुछ भी नहीं है।

1354. एक महिला की प्रशंसा तब की जाती है जब वह सुंदर और प्यारी होती है लेकिन ये जरूरत नहीं है।

एक महिला की प्रशंसा तब की जाती है जब वह अपने पति का नाम रोशन करती है। ये आवश्यकता है।

1355. एक पुरुष या महिला स्वतंत्रता की मांग कर सकते हैं लेकिन उन्हें इच्छा के अनुसार व्यवहार नहीं करना चाहिए।

एक पुरुष या महिला समानता की मांग कर सकते हैं लेकिन उन्हें प्रभुत्व नहीं दिखाना चाहिए।

1356. शादी के बाद पति-पत्नी को ये चीजें रखनी चाहिए:-

1. स्वयं को अर्पित करना

2. बिना शक के प्रेम

3. अपने व्यवहार में डर और विवेक

4. सौम्य आचरण

5. एक दूसरे की मदद करना

6. एक दूसरे के प्रति हिम्मत रहना

7. केवल अच्छे लोगों से दोस्ती करना

1357. पति हो या पत्नी में किसी एक भी नैतिकता के मार्ग पर चलना चाहिए। अन्यथा उनके बच्चों निम्नीकरण के ओर चलते।

1358. स्त्री और पुरुष एक नहीं हैं, दोनों मिलकर एक हो जाते हैं।

11

जरूरतें, धन, गरीबी, अनैतिक

1359. एक व्यक्ति की आवश्यकताएं उसके शरीर, विचारों, परिस्थितियों पर निर्भर करती हैं।

1360. यदि कोई आवश्यकताओं के लिए किसी की ओर देखता है तो वह अपना भविष्य नहीं बना सकता।

1361. हर किसी की ज़रूरतें एक जैसी नहीं होतीं।

1362. जो लोग पृथ्वी पर रहने के लायक नहीं हैं, वे नहीं हैं जो पैसा नहीं कमा सकते, बल्कि वे हैं जो मनुष्य के रूप में नहीं रह सकते।

1363. अधिक धन खतरनाक है।

1364. असली भिखारी वह है जो दूसरों से अपेक्षा रखता है भले ही उनके पास चीजें हों।

1365. जिनके पास पैसा है लेकिन दान नहीं कर सकते - वे असली गरीब हैं

1366. जो लोग नौकरों को ठीक से धन नहीं दे सकते वे अपने नौकरों से भी गरीब हैं।

1367. धन बुरा नहीं है। लेकिन धन के लिए लोग बुरे बन रहे हैं।

1368. समाज एक अमीर आदमी और एक खूबसूरत महिला को तुरंत पहचान लेता है। यह उनकी महानता नहीं है।

1369. गरीबी का अर्थ है अवसरों की कमी। दरिद्र का मतलब है कि अवसर तो हैं लेकिन उनका उपयोग नहीं किया जा सकता।

1370. दाम ही बढ़ने का मतलब है कि भ्रष्टाचार और गरीबी बढ़ रही है।

1371. भ्रष्टाचार और गरीबी एक आदमी के लिए या देश के लिए आंतरिक शत्रु है।

1372. भ्रष्टाचार व्यक्ति से संबंधित है, इसे स्वयं को ही दूर करना होगा। गरीबी का संबंध समाज से है, इसे कोई भी दूर कर सकता है, किसी को भी हटाया जा सकता है।

12

काम, मेहनत, विकास

1373. सहायक और कार्यकर्ता एक नहीं होते।

1374. यदि कोई व्यक्ति कोई एक कार्य नहीं करता है तो उसके कारण:-

    1. कार्य करने की क्षमता का अभाव।

    2. कार्य करने में अनिच्छा।

1375. परिणाम के अपेक्षा से किया गया कार्य में आनंद और उन्नति नहीं देता।

1376. सभी की प्राथमिक आवश्यकता खाना की खेती के कार्य से महान कार्य क्या हो सकता है।

1377. जो कार्य सभी के लिए आवश्यक है वह महान है और जो कार्य करता है वह महान व्यक्ति है।

1378. श्रमिक, कर्मचारी जीवन चक्र चलाने वाले सैनिक हैं। हमें उनका आभार व्यक्त करना चाहिए।

1379. किसी व्यक्ति दूसरों के लिए काम करने का कारण-

    1. प्रेम की वजह से।

    2. जरूरतों की वजह से।

    3. गुलामी के कारण।

1380. व्यक्ति को उसके कार्य करने के कौशल को अधिक मूल्य देना चाहिए न कि उसके कार्य को।

1381. कोई भी बेकार नहीं हैं। ऐसे भी लोग होते हैं जो सभी काम नहीं कर सकते।

1382. जहां श्रम और श्रमिक का मूल्य है वहां विकास होते है।

1383. जो जाति विकसित नहीं हो सकती, वह कभी उत्तरजीवित हासिल नहीं हुआ।

1384. जो लोग केवल अपना ही ख्याल रखते हैं या दूसरों का ही ख्याल रखते हैं वे कभी विकास नहीं कर सकते।

1385. एक व्यक्ति दोनों कारणों से उन्नति नहीं कर सकता:-

    1. वे जिस स्थिति में हैं, उसे ज़्यादा आंकना।

    2. खुद को कम आंकना

1386. अनुशासनहीन लोग अनुशासित लोगों और विकास के बाधक हैं।

1387. यदि अनुशासित लोगों सामने कठिनाइयाँ आएंगी तो वे समस्याएं उन्हें मजबूत बनाती हैं।

1388. विकास के लिए पहले विचार बदलने होंगे, फिर शब्द बदलने होंगे, फिर कर्म बदलने होंगे।

1389. जिनमें सब्र नहीं है वे लोग महानता को नहीं पहचान सकते।

जिनमें सहनशीलता नहीं है वे सर्वश्रेष्ठ नहीं पा सकते।

जो लोग कड़ी मेहनत नहीं कर सकते वे कभी महान नहीं हो सकते।

जो लोग परिश्रम नहीं कर सकते, वे कभी महान नहीं बन सकते।

13

ताकत, कमजोरी

1390. जो लोग खुद से प्रेम करते हैं उन्हें अपनी क्षमता, ताकत, कमजोरी का पता चल जाएगा।

1391. जो लोग शक्तियों को अपनाते हैं वे मजबूत हो जाएंगे।

जो लोग कमज़ोरियाँ अपनाते हैं वे कमज़ोर हो जाएंगे।

1392. लोगों में सबसे कमजोर वे होते हैं जो-

1. वे अपनी गलतियों के लिए दूसरों को जिम्मेदार ठहराते हैं।

2. वे अपनी गलतियों को छुपाने के लिए दूसरों पर दोषारोपण करते हैं।

1393. जो लोग अपनी कमजोरी मानते हैं उन्हें समर्थन मिलेगा और वे मजबूत बनेंगे।

1394. जो लोग अपनी कमज़ोरी को छिपाते हैं वे नुकसान जायेंगें और कमज़ोर हो जायेंगे। कमजोरी से प्रलोभित रहेंगे।

1395. जो हारे वे कमजोर लोग नहीं हैं, जो कमा नहीं सकते वे कमज़ोर हैं।

1396. जो लोग देख नहीं सकते उन्हें अंधा कहा जाता है। देखने के बाद समझ न पाना, सुनने के बाद समझ न पाना मानसिक रूप से कमजोर कहलाता है।

1397. यदि किसी मनुष्य को उच्चतम बनाना हो तभी उसकी महानता का पता चलता है।

अगर उसी आदमी का उपयोग करना हो तो उसकी कमजोरी का पता चल जाता है।

यह सब इसे देखने वाले व्यक्ति पर निर्भर करता है।

1398. जो नहीं जानते वे असमर्थ नहीं हैं। जो नहीं जान सकते वे असमर्थ हैं। जानकर न करने वाले कमजोर है। जानते हुए भी नहीं करने वाले शक्तिहीन हैं।

1399. जो लोग नुकसान सहन कर सकते हैं और नुकसान मिटा कर सकते हैं, वे नुकसान पहुंचाने वालों को माफ कर सकते हैं।

जो लोग नुकसान सहन नहीं कर सकते, नुकसान मिटा नहीं कर सकते, वे नुकसान पहुंचाने वालों को माफ नहीं कर सकते।

1400. परिवार में जितने ज़्यादा लोग हैं उतनी ताकत है और जितने ज़्यादा लोग काम नहीं करते हैं, उतनी गरीबी है।

1401. जहां आत्मसम्मान और आत्मविश्वास है वहां अज्ञान, गुलामी, कमजोरी, अपमान, हार, कायरता के लिए कोई जगह नहीं है।

1402. अगर कोई जरूरतों के लिए आत्मसम्मान और लोगों को खो देते हैं तो वे कमजोर, नीच और बेकार लोग हैं।

1403. हर ताकत चीजें जो ताकत चीजें को रोकता है वह कमजोर हो जाता है।

1404. जो लोग खुद को धोखा देते हैं वे सबसे कमजोर लोग होते हैं।

1405. मानसिक रूप से कमजोर लोग दूसरों को नहीं समझ पाते।

1406. ताकतवर ईमानदारी से माफ कर देते हैं।

जो लोग ईमानदारी से माफ़ी मांगते हैं वे ताकतवर लोग होते हैं।

1407. कमजोर लोग दूसरों को कमजोर करने की कोशिश करते हैं।

मजबूत लोग दूसरों को मजबूत करने की कोशिश करते हैं।

1408. जो लोग सोचते हैं कि जो कुछ भी हो रहा है वह अच्छा है - वे कमजोर लोग हैं।

जो लोग सोचते हैं कि जो कुछ भी हो रहा है वह अच्छे या बुरे के लिए है - बुद्धिमान लोग।

जो लोग सोचते हैं जो बुरा हुआ और जो बुरा हो रहा है उसे अच्छे में बदल देते हैं, वे विश्वास करनेवाला हैं।

14

युद्ध, संघर्ष, विप्लव

1409. आवश्यकता होने या न होने पर भी करना - युद्ध है।

अपरिहार्य परिस्थितियों में करना ही - संघर्ष है।

1410. प्रभुत्व के लिए किया जाए तो - युद्ध।

यदि सुरक्षा, अधिकार के लिए किया जाए तो - संघर्ष।

1411. युद्ध में नैतिकता हो भी सकती है और नहीं भी। लेकिन संघर्ष में नैतिकता रहेगी।

1412. संघर्ष युद्ध से भी महान है।

1413. यदि जीत गया तो योद्धा है, यदि हार गया तो वीर है। एक संघर्ष करने नायक हमेशा एक महान व्यक्ति होता है।

1414. संघर्ष का महत्वपूर्ण उद्देश्य जीतना नहीं बल्कि समझौता नहीं करना है।

1415. जो लोग राजाओं के घर पैदा होते हैं उन्हें शाही परिवार मिल जाती है लेकिन जन्म से युद्ध नहीं मिल पाता। युद्ध सीखने पर ही आती है।

1416. जो युद्ध सीखता है उसे राज्य मिलता है, न कि शाही परिवार से प्राप्त करता है।

1417. दुश्मनों पर जीत हासिल करने के लिए सिर्फ युद्ध सीखना ही काफी है। लेकिन विरोधी से बचने के लिए कुछ उसूल छोड़ने पड़ते हैं।

1418. शत्रुओं को पहचानना आसान है लेकिन विरोधियों को पहचानना कठिन है।

1419. शत्रुओं दोस्तों में बदल सकता है। लेकिन विरोधी मित्र में नहीं बदल सकता।

1420. विप्लव हमेशा एक ही व्यवस्था एक ही तरह में पैदा नहीं होती।

1421. विप्लव का कारण - स्वाभिमान है।

सफलता का कारण - आत्मविश्वास है।

1422. यदि आप इसे अपने लिए करते हैं - संघर्ष

यदि आप इसे दूसरों के लिए करते हैं - विप्लव

1423. विप्लव किसी भी व्यवस्था में, किसी भी समय, किसी भी तरह से जन्म ले सकती है।

खुदकुशी

1424. यदि कोई व्यक्ति अपने शरीर को मार देता है तो उसे खुदकुशी नहीं कहा जाता है। इसे शरीर का त्याग या प्राण का त्याग कहा जाता है।

1425. जो लोग अपने आत्मा और इच्छा के विरुद्ध नहीं रह सकते वे अपना शरीर छोड़ देते है। अपने जीवन का बलिदान देते हैं। दुनिया उन्हें कायर या आत्महत्या करने वाला व्यक्ति कहेगी।

1426. आत्मा से अलग करके शरीर से रह सकते हैं। यह असली खुदकुशी है। इस दुनिया में कुछ लोग ऐसे भी रहते हैं।

-16-

परिवर्तन

1427. प्रतिस्थापन के बिना परिवर्तन नहीं हो सकता।

1428. किसी भी परिवर्तन के लिए समय की आवश्यकता होती है। यदि परिवर्तन के लिए समय न दिया जाए तो परिवर्तन होना असंभव है।

1429. जो लोग परिवर्तन की उम्मीद करते हैं, किसी व्यक्ति को परिवर्तन की उम्मीद करते हैं तो उनमें सब्र, सहनशीलता, क्षमा होनी चाहिए।

1430. एक पीढ़ी में कोई परिवर्तन नहीं होता है यह उसका अर्थ है

    1. वह पीढ़ी विकसित नहीं हुई है।

    2. अगली पीढ़ी के विकसित होने की कोई संभावना नहीं हुई है।

1431. परिवर्तन का मौका न देना - गलत है

मौका मिलने पर न परिवर्तन - पाप है

1432. जो लोग घमंडी हैं वे परिवर्तन नहीं सकते।

1433. जो लोग परिवर्तन गए का दिखावा करते हैं वे कभी नहीं परिवर्तन सकते।

1434. जो लोग परिवर्तन गए का दिखावा करते हैं वे परिवर्तन खो देते हैं।

1435. यदि किसी को बदलने के लिए कहा जाए तो वे नहीं बदलेंगे, लेकिन यदि उनकी परिस्थितियाँ बदल जाएँ तो वे बदल जाएंगे।

1436. एक स्तर से दूसरे स्तर पर जाना परिवर्तन माना जाता है। परिवर्तन कोई ख़िलाफ़ नहीं है।

अन्य वाक्यों

1437. स्वार्थी व्यक्ति चार लोगों में बाँटने वाले के गुण को देने वाला नाम है - झिझक

1438. जो लोग क्षमा करने का गुण नहीं जानते, उसे देनेवाले नाम - कमजोरी है।

1439. जो लोग त्याग का मतलब नहीं जानते उसे देनेवाले नाम - धोखाधड़ी।

1440. दुष्टों द्वारा धर्मात्मा को देनेवाले नाम है - असहाय आदमी।

1441. एक विश्वास करनेवाला के लिए, कमजोर और बेवफा लोग देनेवाले नाम - एक झूठा और आत्मप्रशंसक।

1442. न समझने वाले चीजों के, काम न कर सकती के लिए देनेवाले नाम - पागल, महान।

1443. जिनके पास कुछ नहीं है और वे दूसरों से अपेक्षा रखते हैं - वे गरीब है।

जिनके पास कुछ है और वे दूसरों से अपेक्षा रखते हैं - वे भिखारी हैं।

1444. दुनिया की सभी भाषाओं में सबसे बड़ी भाषा, अदृश्य भाषा - एक ऐसी भाषा जो दिलों को समझती है।

1445. अन्नदान दो प्रकार का होता है-

1. जिस व्यक्ति के पास ख़ाना न हो उसे कई बार ख़ाना देना।

2. जिन लोगों अनेक के पास ख़ाना नहीं है उन्हें चावल देना।

1446. इन्सान दो प्रकार होते है -

1. दूसरों को हानी पहुंचाके ख़ुश होने वाला।

2. दूसरों को मदद करके आनंद होने वाला।

1447. मनुष्य में दो प्रकार के होते है-

    1. जो लोग अच्छा बनने की कोशिश करते हैं।

    2. जो अच्छे इंसान होने का दिखावा करते हैं।

1448. मनुष्य में दो प्रकार होते हैं-

    1. सीखने वाले

    2. ईर्ष्या करने वाले

1449. मनुष्य में दो प्रकार होते हैं-

    1. ज्ञानी

    2. अज्ञानी

1450. मनुष्य में दो प्रकार होते हैं-

    1. प्रेम करने वाले

    2. घृणा करने वाले

1451. मनुष्य में दो प्रकार होते हैं-

    1. ईमानदारी लोग

    2. भ्रष्ट लोग

1452. विविधता विपरीत नहीं है।

1453. सभी बडे लोग बड़े आदमी नहीं होते।

1454. इतिहास लेखन बन जाता है। लेखन इतिहास बन जाता है।

1455. जहां व्यवस्था नहीं वहां अवैधता फैलती है।

1456. आदेशों की अवहेलना करने वाले दण्ड के पात्र हैं।

1457. जो कुछ भी प्रकाश देता है वह ऊपर जाता है।

1458. मनुष्य केवल उन्हीं को नष्ट कर सकता है जो नष्ट हो जायेंगे।

1459. जिन लोगों में जीवन नहीं है वे बेजान पहलुओं को अधिक महत्व देते हैं।

1460. राजनीति छात्रों को नहीं बदल सकती। लेकिन छात्र राजनीति बदल सकते हैं।

1461. जो सबके सामने दान देता है, वह बिन बरसे बादल के समान है।

1462. जो कृतज्ञता रखता है वह घृणा को दूर रखता है।

1463. आदेश का पालन करने वाले को ही अधिकार मिलता है।

1464. किसी भी व्यक्ति का उस पर अधिकार नहीं है जो उसका अपना नहीं है।

1465. बिना सहनशीलता के लोग समझ नहीं सकते। उनके पास कोई बुद्धि नहीं है।

1466. एक की अवसरवादिता दूसरे को अवसरवादिता की ओर ले जाती है।

1467. जो लोग सोचते हैं कि वे ही अच्छा बनना चाहते थे वे अच्छे तो बनेंगे लेकिन महान नहीं बन सकेंगे।

1468. सोते समय तो सब एक होते हैं, जागने पर ही पता चलता है कि कौन क्या है।

1469. जिसके पास अन्तश्चेतना नहीं है वह घमण्ड होते हैं।

1470. भोजन के बिना की गई गलतियाँ गलतियाँ होती हैं।

1471. मनुष्य प्रकृति को प्रदूषित नहीं कर सकता। मनुष्य की अनियमितता के आधार पर प्रकृति मनुष्य को प्रदूषित करती है।

1472. जब इसान के पास कुछ नहीं होता तो उसे एहसास होता है कि वह क्या है। और दूसरे लोग समझ जायेंगे।

1473. अवसर हर जगह उपलब्ध हैं। इसे केवल कुशल व्यक्ति ही देख सकते हैं।

1474. लोग भोजन और कपड़ों में नए आगमन को तुरंत अपना लेते है। लेकिन वे नये विचारों को स्वीकार नहीं कर सकते है।

1475. मनुष्य दृश्य चीजों से जल्दी प्रभावित हो जाता है, लेकिन अदृश्य चीजों से जल्दी प्रभावित नहीं हो जाता।

1476. क्षेत्रों, स्थितियों के आधार पर सत्य, धर्म और सिद्धांत नहीं बदलते बल्कि सीमाएँ, आवश्यकताएँ और प्रतिबद्धताओं होते हैं।

समाज - लोग

1477. समाज में सभी लोग एक जैसे नहीं होते:

1. सर्वश्रेष्ठ -महान लोग

2. मध्य - मानव

3. अधम - दुष्ट लोग

4. पापी - नीच लोग

1478. सर्वश्रेष्ठ - महान लोग:

महान लोग ईमानदारी, यधार्थता से जीना, दूसरों के लिए, समाज के लिए अच्छाई की कोशिस करना, अच्छा करना, सदाचार, प्रेम, दया, करुणा, त्याग, हिम्मत रखने वाले है। जो दूसरों के लिए मिसाल और मार्गदर्शक बनकर जीते हैं। जो लोग ज्ञान के साथ जीते हैं, दूसरों के लिए कष्ट सहते हैं। जो लोग गरीबों और कमजोरों का मदत लेते हैं। दूसरों की सेवा करते हैं। सत्य के अभ्यस करते है। जिनमें पवित्रता, दयालु और सौम्य गुण होते है। जो लोग न्याय और धर्म का पालन करते हैं वे महत्वाकांक्षा के लिए जीते हैं।

1479. मध्यम - मनुष्य:

वे अपने लिए जीते थे और अपनी कठिनाइयों पर निर्भर रहते थे। वे समाज को कोई नुकसान नहीं पहुंचाके समाज की सेवा करते है। दूसरों पर निर्भर न करके अपनी सुखदुःख के साथ संतुष्ट रहते हैं। दूसरों की मदद करते हैं और दान धर्म करते हैं।

वे अपने समय का सदुपयोग करते हैं, समाज और बड़ों के प्रति सम्मान और भय रखते हैं। शिक्षा, बुद्धि, पैसा, पेशा और रिश्तों के प्रति श्रद्धा रखकर जीने वालो है। जो दूसरों को महत्व देते है, वफादार है, अपनी गलतियों को सुधारते है, भरोसा को महत्व देकर, अनुशासन, कृतज्ञता और उद्देश्य रखते थे।

1480. अधम - दुष्ट लोग:

दूसरों पर निर्भर रहते हैं, समय का दुरुपयोग करते हैं, भोजन, नींद और सुख-सुविधाओं में अधिक समय लगाते हैं, इन्हीं के लिए जीते हैं। जो बिना काम किये आराम से रहने के कोशिश करते है, मंद लोग, आलसी लोग, समय बर्बाद करने वाले। जो पैसे, नशे, अधिकारियों के गुलाम होते हैं, जो लोग यह भूल जाते हैं कि उन्हें दूसरों से क्या अच्छा मिला। जो ईर्ष्या और घृणा के साथ दूसरों पर दोषारोपण करते हैं और जिम्मेदारी से व्यवहार नहीं करते हैं। स्वार्थी लोग, जो कुछ नहीं करते, जो नहीं जानते कि वे जीवित क्यों हैं, कायर और लालची लोग हैं। जो आगे से एक तरह का व्यवहार करते हैं और पीछे से दूसरी तरह से काम करते हैं, जो धोखा देते हैं, जो मतलबी हैं, जो दूसरों को मज़ाक उडाते हैं, पक्षपातपूर्ण व्यवहार करना लोग हैं। जो दूसरों को नहीं समझते और गरीबों, बुजुर्गों, विकलांगों को नीच दृष्टि से देखते है और उनसे नफरत करते हैं। वे जो कहते हैं वह नहीं करते, वे जो अवज्ञाकारी हैं, वे जो गलतियाँ करते हैं और उनका समर्थन करते हैं। जो झूठ का सहारा लेते है, वे अपनी ज़रूरतों के लिए दूसरों को कष्ट पहुँचाते हैं। जो खर्चीला, व्यभिचारी करते हैं, दूसरों के लिए हानिकारक हैं। जो घृणित, लापरवाह, मूर्ख है और कृतज्ञता भाव नहीं रखते है।

1481. पापी - नीच लोग:

वे अन्यायपूर्वक न्याय करते और झूठी गवाही देते हैं। वे भ्रष्ट, अन्यायी, अधर्मी, अवैध, विश्वासघाती और बार-बार गलतियाँ करने वाले हैं। गलत काम को सही ठहराना की कोशिश करना, अच्छा काम करने वालों के साथ बुरा करना, बुरे इरादे रखना, स्वार्थी उद्देश्यों के लिए हत्या करना, खुद को धोखा देना, दूसरों को धोखा देना। दूसरों को अपमानित करके उन पर दया न करना, कही गई बातों के विपरीत कार्य करना। समाज को धोखा देकर नैतिक मूल्य के खिलाफ गलत सिद्धांत, गलत रास्ते, गलत बातें तैयार करना और उसे सिखाना। स्वार्थ के लिए सभी को अज्ञान में डालना और उन्हें गुलाम बनाना। दूसरों की समस्याओं को देखकर खुशी महसूस करना। षड्यंत्र रचना, पीठ पीछे छुरा घोंपना, छल करना, हत्या करना इन के काम करे लोग है।

1482. पापी - नीच लोग और अधम - दुष्ट लोग को सर्वश्रेष्ठ - महान लोग और मध्यम - मनुष्य में बदला जा सकता है।

सत्यमेव जयते

सहयोग से:

1. निरीक्षणासुवार्तिका संघम
   न्यूहोप एवलेडिकल छुछे
   घर आंक: 3-141,
   प्लोट नं: 36,
   शान्ति नगर,
   वनशलीपुरम,
   हैदराबाद,
   तेलंगाना - 500070

2. गालि सुब्बरायुडु (पूर्व ए पि एस आर टि सि) (एम. पि. टि. सि)
   का परिवार
   ब्रह्मनायुडु (विस्वासि),
   कारुमंचि (गांव),
   तडुट्टूरु (मन्डल),
   प्रकासम (जिला),
   आन्ध्र प्रदेश - 523272.

सलाह और संदेह के लिए: abhisheak1239@gmail.com